Paare ohne Trauschein

Was sie beim
Zusammenleben
regeln müssen

Paare ohne Trauschein

Karin von Flüe

Ein Ratgeber aus der Beobachter-Praxis

Beobachter
EDITION

Dank

Ein herzliches Dankeschön geht an meine Kolleginnen und Kollegen vom Beobachter-Beratungszentrum für die kritische Durchsicht dieser Auflage des Ratgebers.

IMMER AKTUELL:
DAS DOWNLOAD-ANGEBOT ZUM BUCH

Alle Mustertexte in diesem Ratgeber stehen online zum Herunterladen bereit unter www.beobachter.ch/download (Code 0017).

Stand Gesetze und Rechtsprechung: Mai 2023

Beobachter-Edition
10., aktualisierte Auflage, 2023

www.beobachter.ch

Herausgeber: Der Schweizerische Beobachter, Zürich
Lektorat: Käthi Zeugin, Zürich
Umschlaggestaltung: fraufederer.ch
Umschlagillustration: Doro Spiro
Reihenkonzept Inhalt: buchundgrafik.ch
Satz: Rebecca De Bautista und Bruno Bolliger
Herstellung: Bruno Bächtold
Druck: Grafisches Centrum Cuno GmbH & Co. KG, Calbe

ISBN 978-3-03875-497-8

Inhalt

Vorwort

Grosse Freiheit! Was einer Traumschiff-Flotte als Motto recht ist, schätzen Konkubinatspaare schon lange. Anders als bei verheirateten Paaren kennt das Gesetz keine besonderen Vorschriften für diese Lebensform. Diese grosse Freiheit bedeutet allerdings auch eine grosse Eigenverantwortung.

Gerät das Traumschiff auf hoher See in ruppige Gewässer, kann es seine vorsorglich eingebauten Stabilisatoren ausfahren. Nach den Erfahrungen des Beobachter-Beratungszentrums wird es für Paare meist dann ruppig, wenn die Zeiten eh schon hart sind: bei einer Trennung und bei einem Todesfall. Wer böse Überraschungen vermeiden will, muss darum selbst für die nötigen Stabilisatoren sorgen. Dieser Ratgeber zeigt Ihnen, was Sie für jede Lebenssituation vorkehren können, aber auch, was in Streitfällen gilt und wie Sie alternativ zur juristischen Schiene zu verträglichen Lösungen kommen.

Welche Vorsorge Sie schliesslich treffen, werden Sie nach Ihrer eigenen Risikoeinschätzung entscheiden, ähnlich wie vor einer Reise auf hoher See oder in ein fremdes Land. Auch dann fragt man sich doch, ob es den empfohlenen Annullationsschutz, die Impfung oder die Medikamente gegen Seekrankheit wirklich braucht. Im Nachhinein wären die getroffenen Vorsichtsmassnahmen für die einen dann tatsächlich nicht nötig gewesen. Andere dagegen waren heilfroh über ihre Umsicht. Schliesslich ist vorsorgen doch besser als heilen.

Karin von Flüe
im Mai 2023

Konkubinat – eine Einführung

1

In diesem Kapitel lesen Sie, wie sich das Konkubinat von der Antike bis zur heutigen Zeit entwickelt hat, mit welchen Rechtsproblemen ein Paar ohne Trauschein konfrontiert sein kann und wie man diese mit einem Konkubinatsvertrag elegant umschifft. Am Kapitelende finden Sie eine Gegenüberstellung der Vor- und Nachteile von Ehe und Konkubinat.

Was gilt rechtlich für das Konkubinat?

Schon das römische Recht anerkannte neben der Ehe auch das Konkubinat als legale Lebensform zweier Menschen. Dies vor allem deshalb, weil es vielen Personen, zum Beispiel Sklaven oder Schauspielern, verboten war, eine Ehe einzugehen. Auf dem Konzil von Toledo im Jahr 633 nach Christus bestätigte auch die katholische Kirche die Zulässigkeit des Konkubinats. Erst im Mittelalter änderte sich die Einstellung zum Konkubinat als legaler Lebensform radikal. Und in der Schweiz? 1984 kannten noch acht Kantone ein Konkubinatsverbot, 1995 schaffte das Wallis als letzter Kanton dieses Verbot ab.

Heute ist die Gründung eines gemeinsamen Haushalts immer seltener mit einer Heirat verbunden. 2021 lebten laut Bundesamt für Statistik 268 256 kinderlose Paare und 112 086 Paare mit Kindern im Konkubinat. Die Tendenz bei den unverheirateten Paaren mit Kindern ist weiterhin steigend.

Trotz dieser Zahlen gibt es nach wie vor keine gesetzliche Regelung des Konkubinats. Gemäss der Rechtskommission des Ständerats und der Kommission des Nationalrats soll es aber in Zukunft eine Rechtsform zwischen Ehe und Konkubinat geben. Geplant ist ein «Pacte civil de solidarité», kurz: Pacs oder auch «Ehe light» genannt, wie ihn bereits Genf und Neuenburg eingeführt haben. Dessen Rechtswirkungen sind allerdings noch beschränkt auf die Kantonseinwohner sowie die Lebensbereiche, in denen die Kantone überhaupt eigene Rechtsregeln aufstellen dürfen, zum Beispiel im Steuer- und Sozialhilfebereich. Der eidgenössische Pacs soll unverheiratete Paare schweizweit absichern. Die Rechtskommission des Ständerats ist nun beauftragt, bis 2025 einen entsprechenden Gesetzesentwurf auszuarbeiten. Dabei wird es keine Unterschiede geben zwischen homo- und heterosexuellen Paaren.

INFO *Ist von Konkubinat die Rede, sind hetero- und homosexuelle Paare gemeint. Die 2007 eingeführte* ***eingetragene Partnerschaft*** *stand nur homosexuellen Paaren offen. Sie war quasi ein Ersatz, weil diese Paare noch nicht heiraten durften. Seit der Einführung der Ehe für alle per 1. Juli 2022 gibt es keine neuen eingetragenen Partnerschaften mehr.*

Kein Artikel im ZGB

Eheleuten widmet das Zivilgesetzbuch (ZGB) weit über 100 Gesetzesartikel. Vom Konkubinat ist darin nicht die Rede. Deshalb gibt es auch keine gesetzliche Definition für diese Art der Partnerschaft.

Die Gerichte beschäftigen sich erst dann mit einem Konkubinat, wenn seine rechtlichen Auswirkungen zu beurteilen sind. So bescherte uns das Bundesgericht immerhin eine Definition für ein gefestigtes Konkubinat. Es versteht darunter eine «auf längere Zeit, wenn nicht auf Dauer angelegte, umfassende Lebensgemeinschaft zweier Personen unterschiedlichen Geschlechts mit grundsätzlichem Ausschliesslichkeitscharakter, die sowohl eine geistig-seelische als auch eine wirtschaftliche Komponente aufweist. Heute sind auch homosexuelle Paare mitgemeint. Verkürzt wird dies etwa auch als Wohn-, Tisch- und Bettgemeinschaft bezeichnet». Hat ein Paar keine sexuelle Beziehung oder fehlt die wirtschaftliche Komponente, liegt laut Bundesgericht immer noch ein gefestigtes Konkubinat vor, sofern der Partner und die Partnerin in einer festen, ausschliesslichen Zweierbeziehung leben, sich gegenseitig die Treue halten und sich umfassenden Beistand leisten.

Erst ganz vereinzelt hat das Konkubinat im Gesetz Spuren hinterlassen. Dazu gehören die im Jahr 2000 eingeführte gemeinsame elterliche Sorge für unverheiratete Eltern, die 2014 zur Regel erkärt wurde, sowie die Möglichkeit, dass die Pensionskasse auch an die Konkubinatspartnerin, den Lebensgefährten Hinterlassenenleistungen ausrichtet.

Rechtsverhältnisse zu Dritten und untereinander

Dass zwei Menschen im Konkubinat leben, hat keine Auswirkungen auf ihre Rechtsgeschäfte mit privaten Drittpersonen. Insbesondere gibt es keine automatische gemeinschaftliche Haftung. Kauft der Partner zum Beispiel eine neue Espressomaschine oder nimmt die Partnerin einen Kleinkredit auf, hat die andere Seite damit nichts zu tun.

Für eine solidarische Haftung der Lebenspartnerinnen braucht es immer eine entsprechende vertragliche Verpflichtung. Dies kommt allerdings relativ häufig vor. Etwa, indem beide den Mietvertrag für die Wohnung unterzeichnen, zusammen ein Auto leasen oder Partnerkreditkarten beantragen. Nicht immer sind sich die betroffenen Paare der Tragweite ihrer Unterschriften bewusst.

CORNELIA UNTERZEICHNET Daniels Antragsformular für eine Partnerkreditkarte zu ihrer Hauptkreditkarte. Damit verpflichtet sie sich der Kreditkartenfirma gegenüber, auch für die Bezüge von Daniel aufzukommen. Wenn dieser also seine Kreditkartenrechnung nicht bezahlt, muss Cornelia seine Schulden begleichen.

Soll der Partner für die Partnerin rechtsgültig handeln können, braucht es eine Vollmacht. Damit wird er zum Stellvertreter seiner Lebensgefährtin. Er kann in ihrem Namen und auf ihre Rechnung rechtsgültig Verbindlichkeiten eingehen oder Bezüge tätigen, zum Beispiel mit einer Vollmacht für das Bankkonto. Solche Vollmachten sind jederzeit widerrufbar und erlöschen automatisch, wenn die Vollmachtgeberin urteilsunfähig wird oder stirbt – Ausnahme: Auf der Vollmachtsurkunde steht das Gegenteil (mehr dazu auf Seite 72).

SOLIDARHAFTUNG

Solidarische Haftung heisst, dass jeder einzeln für die ganze ausstehende Schuld belangt werden kann. Die Gläubigerin kann sich aussuchen, von wem sie die Ausstände fordert. Sie darf die Schuld auf ihre Solidarschuldner aufteilen, kann sich aber auch einfach an den zahlungskräftigeren halten. Insbesondere kann ihr egal sein, welchen Verteilschlüssel die Lebenspartner untereinander abgemacht haben.

Konkubinat und Staat

Im Verhältnis zum Staat kann das Konkubinat Vorteile und Nachteile haben. So fahren manche Doppelverdiener bei den Steuern besser, wenn sie nicht verheiratet sind. Das Gleiche gilt für AHV-Rentner: Eheleute erhalten maximal 3675 Franken pro Monat, Konkubinatspaare können dagegen auf 4900 Franken kommen (Stand 2023).

Nachteilig ist das Konkubinat ausgerechnet für die wirtschaftlich Schwachen: Geht es um staatliche Leistungen wie Sozialhilfe, Stipendien oder die Alimentenbevorschussung, kann das Konkubinat zu einer Kürzung oder gar Einstellung der Zahlungen führen. Dies, obwohl keine gesetzliche Unterstützungspflicht unter Lebenspartnern existiert (mehr dazu auf Seite 100 und 178).

Eigene Regeln: Vertragsfreiheit

Dass das Konkubinat gesetzlich nicht geregelt ist, bedeutet nicht, dass Sie in einem rechtsfreien Raum leben. Lebenspartner können sich selbstverständlich aller Vertragsarten bedienen, die unsere Rechtsordnung ermöglicht.

Häufig ist am Beratungstelefon des Beobachters zu hören: «Ich habe keinen Vertrag.» Meist liegt dann aber doch ein Vertragsverhältnis vor. Denn die meisten Verträge können mündlich oder auch ohne Worte, durch konkludentes Verhalten, abgeschlossen werden.

FERNAND LEGT IM SUPERMARKT ohne ein Wort seine Einkäufe aufs Band. Damit gibt er konkludent zu verstehen, dass er die Ware kaufen, also einen Kaufvertrag abschliessen möchte.

Nur in wenigen Fällen verlangt das Gesetz einen schriftlich abgeschlossenen Vertrag. Dennoch ist es aus Beweisgründen oft sinnvoll, die Abmachungen schwarz auf weiss zu dokumentieren. Denn ohne etwas Schriftliches können Sie im Streitfall Ihre Behauptung kaum beweisen und kommen dann nicht zu Ihrem Recht.

Ein wichtiger Grundsatz im Schweizer Privatrecht ist die Vertragsfreiheit. Privatpersonen sind frei, ob und mit wem sie einen Vertrag abschliessen, und sie können den Inhalt ihrer Vereinbarung frei bestimmen. Man kann also auch Verträge eingehen, die nicht im Obligationenrecht vorgesehen sind. Bekannte Beispiele sind der Leasing-, der Franchising- und eben der Konkubinatsvertrag.

Beim Abfassen von Verträgen sind aber gewisse Grenzen zu beachten. Von Bedeutung ist vor allem Artikel 27 des Schweizerischen Zivilgesetzbuchs (ZGB) über den Schutz der Persönlichkeit vor übermässiger Bindung.

BEAT, 30-JÄHRIG und Automechaniker, verpflichtet sich, seiner gleichaltrigen Partnerin Bettina, sollte es zur Trennung kommen, eine lebenslängliche Rente von 2000 Franken im Monat zu zahlen.

Eine solche Verpflichtung wäre übermässig im Sinn von Artikel 27 ZGB und daher ungültig. Denn wer weiss, was das Leben für Beat noch parat hat. Vielleicht möchte er in zehn Jahren eine andere Frau heiraten und Vater werden. Würde seine Abmachung mit Bettina gelten, könnte er sich diesen Lebensweg kaum mehr leisten.

Das bedeutet allerdings nicht, dass eine Verpflichtung zur Unterhaltszahlung nach einer Trennung unmöglich wäre. Solange sie der konkreten Situation angemessen ist, greift Artikel 27 ZGB nicht ein. Beat könnte Bettina zum Beispiel gültig versprechen, ihr bis zum 16. Geburtstag des gemeinsamen Kindes einen seinen finanziellen Umständen angemessenen Unterhalt zu zahlen.

Richterrecht, wenn eigene Regeln fehlen

Wenn weder das Gesetz noch die Lebenspartner Regeln aufstellen, muss im Konfliktfall das Gericht eine Lösung finden. Es stützt sich dabei auf Artikel 1 ZGB: «Das Gesetz findet auf alle Rechtsfragen Anwendung, für die es nach Wortlaut oder Auslegung eine Bestimmung enthält. Kann dem Gesetz keine Vorschrift entnommen werden, so soll das Gericht nach Gewohnheitsrecht und, wo auch ein solches fehlt, nach der Regel entscheiden, die es als Gesetzgeber aufstellen würde. Es folgt dabei bewährter Lehre und Überlieferung.» Muss die Richterin eine Streitfrage unter Lebenspartnern klären, prüft sie somit als Erstes, ob sie irgendwo im ZGB oder im Obligationenrecht (OR) eine Regel findet, die passt.

WERNER HAT EIN EIGENES GESCHÄFT. Sein Lebenspartner Matthias macht die Buchhaltung. Als sich die beiden trennen, verlangt Matthias nachträglich eine Entschädigung für die jahrelangen

Buchhaltungsarbeiten. Hat er Anspruch auf eine solche Zahlung, und wenn ja, in welcher Höhe?

Das Gericht findet, dass folgende Regel passt: Laut Artikel 320 Absatz 2 OR gilt ein Arbeitsvertrag auch dann als abgeschlossen, wenn der Arbeitgeber Arbeit in seinem Dienst auf Zeit entgegennimmt, deren Leistung nach den Umständen nur gegen Lohn zu erwarten ist. Das Gericht qualifiziert die Rechtsbeziehung von Matthias und Werner bezüglich der Buchhaltungsarbeiten also als Arbeitsvertrag und spricht Matthias einen marktüblichen Lohn zu.

Nicht immer finden Richter im Gesetz eine passende Regel. Dann gilt der zweite Teil von Artikel 1 ZGB: Das Gericht muss selber eine passende Regel aufstellen. Dabei haben sich die Richter mit den Meinungen aus der Rechtslehre auseinanderzusetzen, was manchmal in seitenlange Ausführungen mündet.

URTEIL *BGE 114 II 295: Dieser Bundesgerichtsentscheid ist ein Paradebeispiel für das Vorgehen. Das Gericht musste entscheiden, ob die Ex-Ehefrau, die ohne Trauschein mit einem neuen Partner zusammenlebt, ihre Scheidungsrente genauso verliert wie die Ex-Ehefrau, die wieder heiratet. Im konkreten Fall erachtete das Bundesgericht das Beharren der Frau auf Zahlung der Scheidungsalimente als rechtsmissbräuchlich, weil sie schon seit fünf Jahren in einem stabilen Konkubinat lebte. Der Ex-Mann musste die Alimente nicht mehr länger zahlen.*

Gesetze gelten für alle. Richterrecht dagegen gilt immer nur für die vor Gericht stehenden Parteien. Die in den beiden Beispielen angewandten Regeln gelten also nicht automatisch auch für andere Konkubinatspaare. Natürlich haben die Entscheide des Bundesgerichts einiges Gewicht, wenn eine Richterin einen ähnlichen Fall zu beurteilen hat. Sie kann aber auch anders entscheiden. Gerade deshalb ist es so schwierig, bei Streitigkeiten rund um das Konkubinat die Prozesschancen einzuschätzen. Umso wichtiger, dass Sie selber verbindliche Regeln aufstellen.

Die Regeln der einfachen Gesellschaft

Der Name ist Programm: Die einfache Gesellschaft (Art. 530ff. OR) gehört juristisch zum Handels- und Wirtschaftsrecht. Was hat das Konkubinat hier zu suchen? Fehlen klare schriftliche Abmachungen, greifen die Gerichte gern auf diese Regeln zurück.

Das OR definiert die einfache Gesellschaft in Artikel 530 wie folgt: «Gesellschaft ist die vertragsmässige Verbindung von zwei oder mehreren Personen zur Erreichung eines gemeinsamen Zweckes mit gemeinsamen Kräften oder Mitteln. Sie ist eine einfache Gesellschaft [...], sofern dabei nicht die Voraussetzungen einer andern durch das Gesetz geordneten Gesellschaft zutreffen.»

Eine einfache Gesellschaft ist schnell entstanden. Es braucht dazu nichts Schriftliches. Man muss sich nicht einmal bewusst sein, dass man eine einfache Gesellschaft eingeht. Es genügt der Wille, mit gemeinsamen Mitteln einen gemeinsamen Zweck zu erreichen.

SUSAN UND VERENA organisieren für ihr Zehn-Jahre-Jubiläum eine tolle Party. Sie mieten einen Partyraum, engagieren eine DJane und bestellen Essen und Getränke. Zweck der einfachen Gesellschaft: gemeinsam eine Party schmeissen.

Die einfache Gesellschaft kann auch ganz rasch wieder beendet sein. Im Party-Beispiel endet sie, nachdem Verena alle damit verbundenen Rechnungen bezahlt und mit Susan abgerechnet hat. Statt nur der Abwicklung eines einzelnen Geschäfts kann die einfache Gesellschaft aber auch länger dauernden Zwecken dienen.

PETER KAUFT EIN NEUES AUTO für 30 000 Franken. Seine Lebenspartnerin Katrin steuert 10 000 Franken an den Kauf bei. Katrin nutzt das Auto, um zur Arbeit zu fahren, Peter braucht es vorwiegend für seine Freizeitaktivitäten. Haben die beiden nichts weiter vereinbart, könnte eine einfache Gesellschaft entstanden sein mit dem Zweck: Erwerb und gemeinsames Nutzen eines Autos.

Das bedeutet aber nicht, dass jede Paarbeziehung automatisch zur einfachen Gesellschaft wird. Das Gericht muss für jede Rechtsfrage prüfen, ob die Regeln passen. Und wenn das so ist, dann kommen diese Regeln nur für einzelne Bereiche zum Tragen. Auch wenn also durch den Kauf und die gemeinsame Benützung punkto Auto eine einfache Gesellschaft entstanden ist, muss dies nicht für alle anderen Vermögenswerte von Peter und Katrin gelten.

Eine einfache Gesellschaft in einem Konkubinat entsteht am ehesten bei folgenden Rechtsgeschäften:

- gemeinsamer Erwerb und gemeinsame Nutzung einer Sache, zum Beispiel einer Eigentumswohnung
- Führen einer gemeinsamen Haushaltskasse
- Mieten und Nutzen einer gemeinsamen Wohnung

Wirkungen der einfachen Gesellschaft

Die Auswirkungen der einfachen Gesellschaft werden meist erst spürbar, wenn es Differenzen gibt. Also zum Beispiel, wenn Katrin und Peter über den Wiederverkauf des Autos streiten. In der einfachen Gesellschaft entsteht Gesamteigentum. Deshalb kann weder Peter noch Katrin das Auto als Ganzes oder den eigenen Anteil daran ohne Einwilligung des anderen verkaufen. Können sie sich nicht darauf einigen, was mit dem Auto passieren soll, gelten die Auflösungsbedingungen der einfachen Gesellschaft und die sagen:

- Jeder Partner kann mit einer Frist von sechs Monaten kündigen. Eine Abkürzung dieser Frist ist nur über das Gericht möglich, wenn wichtige Gründe vorliegen, häusliche Gewalt zum Beispiel.
- Liquidiert wird die Gesellschaft nach folgenden Regeln:
  - Rückzahlung der Einlagen nach dem Wert, der zur Zeit der Investition galt
  - Teilung des Gewinns oder Verlustes nach Köpfen

Peter erhält also seine Einlage von 20 000 Franken und Katrin ihre 10 000 Franken zurück. Theoretisch. Leider ist das Auto inzwischen nur noch 20 000 Franken wert. Die einfache Gesellschaft hat einen Verlust von 10 000 Franken erlitten. Dieser wird nach Köpfen aufgeteilt, jede Seite muss 5000 Franken übernehmen. Katrin trifft der Verlust härter, sie erhält mit 5000 Franken nur noch die Hälfte ihrer Investition (10 000 Einlage minus 5000 Verlust). Peter erhält dagegen 15 000 Franken zurück (20 000 Einlage minus 5000 Verlust). Hätten die beiden einen wertvollen Old-timer erstanden und mit Gewinn weiterverkauft, wäre dagegen Katrin besser weggekommen. Sie hätte ihre volle Einlage und die Hälfte des Gewinns einstreichen können.

TIPP *Passen Ihnen diese Regeln nicht, treffen Sie andere Abmachungen, und zwar schriftlich. Hätte Katrin Peter folgenden Satz unterzeichnen lassen, wäre von einer einfachen Gesellschaft nie die Rede gewesen: «Peter bestätigt, für den Kauf eines Autos von Katrin ein Darlehen von 10 000 Franken erhalten zu haben.»*

Das Nötige regeln im Konkubinatsvertrag

DEN Konkubinatsvertrag gibt es nicht. Wie viel und was Sie in Ihrer Vereinbarung regeln, hängt von Ihren persönlichen Bedürfnissen ab. Ein Paar mit Kindern, das zusammen ein Eigenheim kauft, wird mehr regeln müssen als kinderlose Doppelverdiener, die in einer Mietwohnung leben. Und nicht jedes Paar braucht unbedingt einen Konkubinatsvertrag. Solange keine Seite von der anderen wirtschaftlich abhängig ist, das Paar keine grösseren Anschaffungen tätigt oder gar Wohneigentum erwirbt, ist ein Konkubinatsvertrag zwar sinnvoll, aber nicht dringend notwendig. Worauf Sie aber nicht verzichten sollten, ist, ein Inventar zu erstellen und dieses regelmässig zu aktualisieren (siehe Seite 39).

Im Anhang finden Sie einen Mustervertrag mit verschiedenen Inhaltsmodulen (Seite 190). Pflücken Sie sich einfach diejenigen Teile heraus, die Sie im Moment benötigen, und setzen Sie so Ihren eigenen Konkubinatsvertrag zusammen. Ändern sich Ihre Bedürfnisse später, können Sie Ihren Vertrag jederzeit anpassen. Tun Sie das auch!

TIPPS *Sinnvoll ist es, den Konkubinatsvertrag etwa* ***alle zwei Jahre*** *zu überprüfen. Datieren und unterzeichnen Sie ihn danach erneut, egal ob Sie Anpassungen vorgenommen haben oder nicht.*

Die Regelungen für gemeinsame Kinder gehören nicht in den Konkubinatsvertrag. Denn solche Vereinbarungen sind nur gültig, wenn sie vom Gericht oder von der Kindes- und Erwachsenenschutzbehörde (Kesb) genehmigt wurden. Kinderfragen regelt man deshalb in einem separaten Unterhaltsvertrag oder in einer Elternvereinbarung (mehr dazu in Kapitel 5, Seite 119 und 127).

Ihre beiden Unterschriften unter dem Vertrag genügen. Es braucht keine notarielle Beglaubigung.

Wie unromantisch geschäftlich, finden Sie? Das Beobachter-Beratungszentrum sieht das anders. Verbindliche Regeln schaffen klare Verhältnisse. Dadurch lassen sich unnötige Missverständnisse und Enttäuschungen am ehesten verhindern. Und damit die Romantik nicht zu kurz kommt: Krönen Sie den Abschluss Ihres Konkubinatsvertrags mit einem feinen Nachtessen zu zweit.

DAS REGELN SIE IM KONKUBINATSVERTRAG

- **Haushaltsbudget**
  Welche Posten zählen wir dazu und wie teilen wir uns die Kosten?
- **Hausarbeit**
  Wer macht was und wie wird eine Mehrarbeit des einen Partners entschädigt?
- **Inventarliste**
  Wem gehört was und wie teilen wir gemeinsam Angeschafftes bei einer Trennung auf?
- **Beistand bei Trennung**
  Soll die wirtschaftlich schwächere Seite nach einer Trennung vom Partner Unterhaltszahlungen erhalten?
- **Wohnung**
  Wer darf in der gemeinsamen Wohnung bleiben, wenn wir uns trennen, und welche Kündigungsfristen sollen gelten?
- **Vermögen**
  Soll bei einer Trennung ein Vermögensausgleich stattfinden?

Heiraten – eine Option?

Es gibt viele gute Gründe, auch nach langen Konkubinatsjahren nicht zu heiraten: Weil man das Zusammensein lieber selber regelt, als sich von Gesetzen bestimmen zu lassen. Weil man nicht mehr Steuern zahlen will. Weil sonst die Partnerin die Witwenrente verliert. Weil eine Seite einen erbitterten Scheidungskampf hinter sich hat. Weil beiden die Freiwilligkeit der Beziehung wichtig ist. Ebenso gute Gründe gibt es, sich für die Heirat zu entscheiden: Weil man sich vor Gott und der Welt zueinander bekennen will. Weil ein Kind unterwegs ist. Weil man gemeinsam Wohneigentum erwerben will. Weil die Altersvorsorge dann viel einfacher ist. Weil beide nach einigen Jahren «Probeehe» sicher sind, den Partner, die Partnerin für immer gefunden zu haben.

Was sind ganz sachlich die Vorteile, was die Nachteile des Trauscheins? Die folgende Übersicht soll Ihnen den Entscheid erleichtern.

Zehn Kriterien für Ihren Entscheid

Was für den Partner von Vorteil ist, kann von seiner Lebensgefährtin als Nachteil empfunden werden – und umgekehrt. Auf eine Gewichtung nach Pro und Kontra wird hier deshalb verzichtet. Sie entscheiden!

1. Name

Im Konkubinat behalten beide ihre bisherigen Namen. Die Wahl eines gemeinsamen Familiennamens ist nicht möglich. Gemeinsame Kinder erhalten entweder den Ledignamen der Mutter oder den des Vaters.

Eheleute haben die Wahl: Nach der Heirat kann das Paar einen gemeinsamen Familiennamen tragen, oder die Eheleute können je ihren ledigen Namen behalten. Gemeinsame Kinder tragen den Familiennamen oder, wenn die Eltern nicht gleich heissen, einen ihrer Ledignamen.

SANDRO MÜLLER UND MELANIE SIEBER wählen als Familiennamen Müller. Ihre Kinder werden ebenfalls den Nachnamen Müller tragen.
CARO HUG UND SARA LANG behalten ihre Ledignamen. Sie müssen sich entscheiden, ob ihre Kinder Hug oder Lang heissen werden.

2. Kinder

Das Gesetz unterscheidet nicht zwischen ehelichen und ausserehelichen Kindern, wenn es um ihre Rechte gegenüber den Eltern geht. Das gilt auch beim Bürgerrecht: Ist ein Elternteil Schweizer, erhalten die Kinder das Schweizer Bürgerrecht – unabhängig davon, ob die Eltern verheiratet sind (vom Vater wird aber verlangt, dass er sein uneheliches Kind anerkannt hat oder dass die Vaterschaft per Gerichtsurteil festgestellt wurde).

Das gemeinsame Sorgerecht für ihre Kinder erhalten Konkubinatseltern jedoch nicht automatisch wie Eheleute. Sie müssen dafür eine gemeinsame Erklärung beim Zivilstandsamt oder bei der Kindes- und Erwachsenenschutzbehörde (Kesb) abgeben. Eine Vereinbarung, in der sie festlegen, wer die Kinder wann und wie häufig betreut und wie die Unterhaltskosten aufgeteilt werden, wird aber heute nicht mehr verlangt. Ohne gemeinsame Erklärung der Eltern steht das Sorgerecht allein der Mutter zu.

3. Binationale und ausländische Paare

Für Konkubinatspaare ist es sehr schwierig, eine Aufenthaltsbewilligung für den ausländischen Partner zu erhalten, wenn dieser aus einem Land ausserhalb des EU-/EFTA-Raums stammt. Heiratet das Paar, gelten einfachere Regeln punkto Aufenthalts- und Niederlassungsrecht sowie für eine spätere Einbürgerung.

4. Steuern

Ehepaare werden gemeinsam besteuert. Insbesondere werden die Einkommen addiert, und das kann wegen der progressiven Steuertarife für Verheiratete zu einer höheren Besteuerung führen als für Konkubinatspaare mit gleichem Haushaltseinkommen. Gut verdienende Paare fahren deshalb dank der getrennten Besteuerung im Konkubinat in der Regel besser. Das kann mehrere Tausend Franken ausmachen. Seit dem 1. Januar 2008 wird diese Ungleichbehandlung bei der direkten Bundessteuer mit einem erhöhten Zweitverdiener- und Verheiratetenabzug gemildert. Politische Vorstösse wollen diese sogenannte Heiratsstrafe ganz beseitigen. Bei den Kantons- und Gemeindesteuern ist der Unterschied schon heute in den meisten Kantonen nur noch gering.

Bei der Erbschafts- und Schenkungssteuer ist die Situation anders: Ehepartner müssen diese Steuer nicht mehr abliefern. Konkubinatspaare dagegen sind nur in den Kantonen Graubünden, Obwalden und Schwyz von Erbschafts- und Schenkungssteuern befreit. In einigen Kantonen wie Nidwalden, Uri und Zug entfallen diese Steuern ebenfalls, wenn gewisse Voraussetzungen erfüllt sind, zum Beispiel gemeinsame Kinder oder eine mindestens fünfjährige Wohngemeinschaft. Andere Kantone gewähren immerhin Freibeträge oder tiefere Steuersätze.

5. Scheidungsalimente

Mit einer Heirat erlischt der Anspruch auf Alimente vom früheren Ehegatten. Die neue Lebensgemeinschaft dagegen führt nur dann zu einem Verlust, einer Kürzung oder einer einstweiligen Einstellung, wenn dies in einer Konkubinatsklausel im Scheidungsurteil so festgehalten ist oder wenn der Ex-Gatte einen Prozess anstrengt und das Gericht zum Schluss kommt, es liege ein stabiles Konkubinat vor.

INFO *Die **Unterhaltsbeiträge für die Kinder** bleiben weiterhin geschuldet – sowohl bei einer neuen Heirat wie auch bei einem stabilen Konkubinat.*

6. Erbrecht

Die hinterbliebene Ehefrau oder der Ehemann gehören immer zum Kreis der gesetzlichen Erben. Ihre erbrechtliche Stellung gegenüber den Kindern oder den Eltern kann mit einem Ehevertrag und einem Testament oder einem Erbvertrag noch erheblich gestärkt werden. Für Konkubinatspaare gibt es kein gesetzliches Erbrecht. Lebenspartner können sich zwar im Testament oder im Erbvertrag begünstigen. Sind Nachkommen oder ein Noch-Ehegatte da, müssen aber deren Pflichtteile respektiert werden. Das schränkt die erbrechtliche Begünstigung stark ein.

7. Witwen- und Witwerrenten

Verheiratete erhalten – wenn sie gewisse Voraussetzungen erfüllen – sowohl von der AHV wie auch aus der Pensionskasse und der Unfallversicherung Witwen- oder Witwerrenten. Lebenspartner erhalten keine Hinterlassenenleistungen der AHV oder der Unfallversicherung. Pensionskassen dürfen freiwillig Leistungen an Konkubinatspartner vorsehen, wenn das Paar mindestens fünf Jahre zusammengelebt hat, wenn für ein gemeinsames Kind zu sorgen ist oder wenn der Verstorbene zu Lebzeiten mindestens für die Hälfte des Lebensunterhalts der Partnerin aufgekommen ist.

Erhält der Partner oder die Partnerin bereits eine Witwen- oder Witwerrente von der AHV, der Pensionskasse oder der Unfallversicherung, erlischt der Anspruch, wenn das Paar heiratet. Beim Konkubinat bleibt der Anspruch bestehen.

8. Altersrenten

Haben der Partner und die Partnerin das gesetzliche Rentenalter von 65 bzw. 64 Jahren erreicht, erhalten Verheiratete im gleichen Haushalt wegen der sogenannten Plafonierung zusammen höchstens 3675 Franken. Unverheiratete Paare hingegen bekommen zwei ungekürzte Renten ausgezahlt – zusammen maximal 4900 Franken (Stand 2023).

9. Ergänzungsleistungen

Ist der Partner, die Partnerin oder sind beide auf Ergänzungsleistungen zur AHV- oder IV-Rente angewiesen, werden bei der Berechnung für Unverheiratete höhere Beträge für den Lebensbedarf berücksichtigt. Seit dem 1. Januar 2021 wird zudem das Einkommen des Ehepartners zu 80 Prozent in die Berechnung miteinbezogen. Das kann zu höheren Leistungen führen als bei Eheleuten.

10. Trennung und Scheidung

Lässt sich ein Ehepaar scheiden, hat die wirtschaftlich schwächere Seite unter bestimmten Voraussetzungen Anspruch auf Alimente. Das in der AHV und in der Pensionskasse während der Ehe gesparte Guthaben wird hälftig aufgeteilt. Auch das während der Ehe erwirtschaftete Vermögen wird halbiert, falls die Eheleute nicht in einem Ehevertrag etwas anderes vereinbart haben.

Bei Konkubinatspaaren gilt das alles nicht. Die wirtschaftlich schwächere Seite zieht den Kürzeren. Freiwillig lassen sich immerhin im Konkubinatsvertrag ein Trennungsunterhalt und/oder eine Abfindung vereinbaren.

Zusammenziehen

2

Sie möchten zusammenziehen? Wunderbar! Ob Sie zum Partner, zur Partnerin ziehen oder ob Sie beide gemeinsam eine neue Wohnung mieten, es gibt viel zu tun. In diesem Kapitel finden Sie Anregungen, wie Sie Ihr Vorhaben optimal umsetzen und welche Versicherungen Sie abschliessen sollten. Binationale Paare erfahren, mit welchen behördlichen Hürden zu rechnen ist.

Neue Wohnung für beide

Sie leben in einer WG, noch bei den Eltern oder in einer für zwei Personen zu kleinen Wohnung? Dann sind Sie sicher mit der Suche nach einem passenden Heim für Sie beide beschäftigt.

Wegen der solidarischen Haftung gegenüber dem Vermieter mieten Sie mit Vorteil eine Wohnung, die zur Not auch jeder Wohnpartner allein bezahlen kann. Ist ein Partner dazu nicht in der Lage, sollte er den Mietvertrag besser nicht mitunterzeichnen. Oft haben Konkubinatspaare allerdings keine Wahl, wenn der Vermieter auf zwei Unterschriften besteht. Achten Sie in diesem Fall auf möglichst kurze Kündigungsfristen und -termine.

Gemeinsamer Mietvertrag

Unterzeichnen beide den Mietvertrag, werden sie der Vermieterin gegenüber gleich berechtigt und verpflichtet. Die Vermieterin muss also beide Mieter gleich behandeln, insbesondere beiden eine allfällige Mietzinserhöhung oder Kündigung mitteilen. Umgekehrt müssen die beiden Mieter der Vermieterin gegenüber immer gemeinsam handeln. Beide müssen also die Mietzinserhöhung anfechten oder im Fall einer Kündigung eine Erstreckung des Mietverhältnisses verlangen. Selbstverständlich kann sich der Einfachheit halber ein Partner vom anderen dazu bevollmächtigen lassen (siehe Seite 72).

Solidarische Haftung gegenüber der Vermieterin

Für die Bezahlung des Mietzinses und aller sonstigen Verbindlichkeiten wie Mieterschäden, Depot oder Nebenkosten haftet jeder Mieter solidarisch. Das heisst, die Vermieterin hat die Wahl, von wem von Ihnen sie die Zahlung der Ausstände fordert. Ihre Abmachung über die interne Kostenverteilung spielt dabei keine Rolle. Ein Ausschluss dieser Solidarhaftung ist möglich, aber nur, wenn die Vermieterin zustimmt.

Selbstverständlich können Sie im internen Verhältnis, also untereinander, die Abmachungen treffen, die auf Ihre konkreten Verhältnisse zugeschnitten sind. Regeln Sie vor allem Folgendes (Formulierungen finden Sie im Anhang, Seite 190):

- Wer übernimmt welchen Anteil an den Miet- und Nebenkosten, allfälligen Mieterschäden und Auslagen für die Suche nach einem Ersatzmieter?
- Wer zahlt das Mietzinsdepot ein und wer darf es nach Beendigung des Mietvertrags wieder auslösen?
- Wer darf bei einer Trennung in der Wohnung bleiben?
- Wie lange muss die Seite, die auszieht, den vereinbarten Mietzinsanteil zahlen?
- Innert welcher Frist muss der oder die Ausziehende die persönlichen Sachen abholen?

Trennungsstreit vorbeugen

Nach der Erfahrung des Beobachter-Beratungszentrums sind gemeinsam unterzeichnete Mietverträge in einem stabilen Konkubinat unproblema tisch. Heikel kann es aber werden, wenn ein Paar sich im Streit trennt und für diesen Fall nicht vorgesorgt hat. Dazu drei Beispiele – und die möglichen Lösungen dafür:

WALTER VERLÄSST DIE WOHNUNG nach einem heftigen Streit. Seine Partnerin Selina befürchtet, dass er seinen Mietzinsanteil von zwei Dritteln nicht mehr zahlen wird. Allein kann sie die gesamte Miete kaum aufbringen. Immerhin ist Walter zur Kündigung der Wohnung bereit. Wie lösen die beiden das Problem?

Juristische Lösung: Walter darf zwar jederzeit ausziehen. Er kann aber die mündliche Vereinbarung über die Kostenverteilung nicht von heute auf morgen kündigen. Da die beiden keine «interne Kündigungsfrist» vereinbart haben, passen die Kündigungsregeln der einfachen Gesellschaft hier am besten: Es gilt eine Kündigungsfrist von sechs Monaten. Ist die Wohnung nicht auf einen früheren Termin kündbar, muss Walter seinen Anteil an der Miete noch solange zahlen, ausser er findet einen zumutbaren Ersatzmieter, der bereit ist, den Anteil zu übernehmen. Zahlt Walter nicht freiwillig, müsste Selina ihre Forderung gerichtlich erzwingen.

Wenn sie aber nicht beweisen kann, dass Walter sich zur Zahlung von zwei Dritteln verpflichtet hat, wird nach den Regeln der einfachen Gesellschaft eine hälftige Kostentragung angenommen. Selina käme damit schlecht weg.

Beobachter-Lösung: Selina sollte gemeinsam mit Walter die Wohnung kündigen und so rasch wie möglich einen Ersatzmieter suchen. Zudem kann sie dem Vermieter ihre missliche Lage schildern und ihn bitten, Walters Mietanteil direkt bei ihm einzufordern. Zögert der Vermieter, könnte Selina ihm anbieten, die Eintreibungskosten zu übernehmen.

Vorsorgliche Lösung: Vereinbaren Sie vor dem Einzug schriftlich, wie lange der ausziehende Partner seinen Mietanteil zu leisten hat. Mit dieser schriftlichen Abmachung haben Sie einen sogenannten provisorischen Rechtsöffnungstitel in der Hand. Wird ein Betreibungsverfahren nötig, kommen Sie damit rascher zum Geld.

HUGO ZAHLT SEINEN ANTEIL an der Miete nicht, macht Schulden und verhält sich Carola gegenüber unmöglich. Sie zieht deshalb in eine eigene Wohnung. Carola weiss, dass wegen der solidarischen Haftung der ganze Mietzins für die alte Wohnung an ihr hängen bleiben wird. Theoretisch müsste ihr Hugo zwar die Hälfte zurückerstatten, doch er hat kein Geld, und so ist bei ihm nichts zu holen. Um den Schaden zu begrenzen, will Carola so rasch wie möglich kündigen. Das kann sie aber nur gemeinsam mit Hugo – und der weigert sich.

Juristische Lösung: Mieterfreundliche Juristen wollen jedem Mieter eine Teilkündigung zugestehen. Bisher hat sich diese Auffassung bei den Gerichten aber nicht durchgesetzt. Ohne Teilkündigungsklausel im Mietvertrag lässt sich der Konflikt mit juristischen Mitteln nicht auf die Schnelle lösen. Nach den Regeln der einfachen Gesellschaft ist eine Kündigung des internen Verhältnisses mit einer Frist von sechs Monaten möglich. Nur wenn ein wichtiger Grund vorliegt, lässt sich die einfache Gesellschaft vorher auflösen. Um die Wohnung ohne Hugos Einverständnis kündigen zu können, muss Carola das Gericht einschalten.

Beobachter-Lösung: Carola sollte dem Vermieter ihre missliche Lage schildern und ihn bitten, dass er ihr und Hugo kündigt. Zögert der Vermieter, kann Carola ihm anbieten, für einen Ersatzmieter zu sorgen und für die Umtriebe aufzukommen.

TEILKÜNDIGUNGSKLAUSEL

Formulierung im Mietvertrag
Jeder Wohnungspartner ist berechtigt, den Vertrag für sich zu kündigen. Die Kündigungsfrist verlängert sich in einem solchen Fall um zehn Tage. Erfolgt während dieser Bedenkfrist keine Kündigung durch die Vermieterin, wird das Mietverhältnis mit dem verbleibenden Wohnungspartner fortgesetzt.

Achtung: Die Teilkündigungsklausel ist nur gültig, wenn sie die Vermieterin unterschreibt.

Vermieterbestätigung
Die Immobilia AG entlässt die Mieterin Carola X. per 30. März 2024 aus dem Mietvertrag und aus der solidarischen Haftung bezüglich der Wohnung an der Sonnengasse 15, 3250 Lyss (1. Stock). Mieterin und Vermieterin erklären sich als per saldo aller Ansprüche auseinandergesetzt.

Vorsorgliche Lösung: Bestehen Sie beim Abschluss des Mietvertrags auf einer Teilkündigungsklausel (siehe Kasten). Dank dieser Vertragsbestimmung kann jeder Mieter notfalls das Mietverhältnis allein kündigen. Es empfiehlt sich, beim Auszug aus der gemeinsamen Wohnung von der Vermieterin eine Bestätigung einzuholen, dass sie einen aus dem Mietvertrag entlässt.

SANDRO UND THOMAS sind vor zwei Jahren zusammen in die tolle Attikawohnung eingezogen. Jetzt wollen sie auseinandergehen und streiten sich, wer ausziehen muss und wer in der Traumwohnung bleiben darf.

Juristische Lösung: Ehrlich, ein solcher Konflikt lässt sich mit juristischen Mitteln kaum lösen.

Beobachter-Lösung: Anstatt einen Zermürbungskrieg zu führen, sollten Sandro und Thomas den Vermieter wählen lassen. Dieser ist zwar nicht objektiv, dafür herrschen aber rasch klare Verhältnisse. Ist den beiden der Vermieter zu parteiisch, können sie das Los entscheiden lassen.

BUCHTIPP
Alles übers Mieten – von der Wohnungssuche über den Abschluss des Mietvertrags bis zur Kündigung – erfahren Sie in diesem Beobachter-Ratgeber:
Mietrecht. Alles rund ums Mieten und Vermieten.
www.beobachter.ch/buchshop

Vorsorgliche Lösung: Vereinbaren Sie noch vor dem Bezug der gemeinsamen Wohnung, wer im Trennungsfall darin bleiben darf.

Was heisst das für Sie?
Lassen Sie sich von diesen unschönen Beispielen bloss nicht die Freude über Ihre erste gemeinsame Wohnung verderben! Investieren Sie aber ein wenig Zeit in eine schriftliche Vereinbarung, die Ihnen, sollte es doch einmal zur Trennung kommen, unschönen Streit erspart. Länger als zum Aufhängen aller Lampen brauchen Sie dank den Mustertexten in diesem Buch bestimmt nicht!

Beim Partner einziehen

Zieht der Partner ins Eigenheim oder in die Mietwohnung seiner Lebensgefährtin, gibt es einige organisatorische Fragen zu klären: Wo kommt der Lieblingssessel des einziehenden Liebsten hin, welche seiner Kleider haben noch Platz im Schlafzimmerschrank, behalten Sie sein oder ihr Bett, oder leisten Sie sich eine neue Sitzecke?

Nehmen Sie sich aber auch etwas Zeit zum Überdenken der rechtlichen Rahmenbedingungen Ihrer neuen Gemeinsamkeit. Es empfiehlt sich, vor allem folgende Fragen zu klären – und zwar bevor die Zügelkisten gepackt werden:

- Lasse ich die Partnerin gratis bei mir wohnen oder soll sie sich an den Wohnkosten beteiligen?
- Übernimmt sie einen Anteil vom Mietzins oder besteht ihr Beitrag an die Wohnkosten in Haus- und sonstigen Arbeiten?
- Welche Kündigungsfristen sollen gelten, wenn eine Seite eines Tages ausziehen will oder soll?

Im Eigenheim des Partners

Ziehen Sie ins Eigenheim des Partners, schliessen Sie am besten einen schriftlichen Mietvertrag ab. Sie können dafür einen Mustermietvertrag verwenden oder Ihre Abmachungen selber festhalten. Es braucht keine seitenlangen komplizierten Schriftwerke. Regeln Sie im Mietvertrag aber mindestens folgende Punkte:

- Räumlichkeiten, die Sie mitbenutzen und allenfalls allein nutzen dürfen
- Vertragsdauer (auf eine bestimmte Dauer oder unbefristet)
- Mietbeginn
- Mietzins und Zahlungsbedingungen
- Kündigungsfristen und Kündigungstermine
- Regeln bei vorzeitigem Auszug
- Frist zum Abholen Ihrer persönlichen Sachen, wenn Sie ausziehen

TIPP *Im Anhang finden Sie ein* ***Muster für einen Mietvertrag*** *(Seite 194). Einen Formularmietvertrag mit Erklärungen erhalten Sie beim Mieterinnen- und Mieterverband (www.mieterverband.ch).*

Der Mietvertrag bietet zwar keinen Schutz vor einer Beziehungskrise, aber wenigstens vor Racheakten wie ungerechtfertigter Mietzinserhöhung oder sofortigem Rausschmiss. Gibt es «Mietstreit», können beide Seiten von einer kostenlosen Beratung und Vermittlung bei der Schlichtungsstelle in Mietsachen profitieren. Und sollte der Wohnungseigentümer überraschend sterben, gelten die Abmachungen im Mietvertrag auch gegenüber seinen Erben.

Zur Untermiete bei der Partnerin

Zieht der Partner in die Mietwohnung seiner Liebsten, braucht es keine Unterschrift in ihrem Mietvertrag. Der Vermieter ist aber – nur schon aus Höflichkeit – sofort über den Neuzuzug zu informieren. Ob es auch ohne Abschluss eines Untermietvertrags eine formelle Bewilligung des Vermieters braucht, ist unter Juristen umstritten.

Bewilligung des Vermieters – reine Formsache

Sehr zu empfehlen ist es ohnehin, einen schriftlichen Untermietvertrag abzuschliessen. Dafür braucht es immer die Zustimmung des Vermieters. Dies ist aber in der Regel eine reine Formsache. Der Vermieter darf seine Zustimmung nämlich nur verweigern, wenn

- seine Mieterin ihm den Inhalt des Untermietvertrags nicht bekannt gibt.
- der Untermietvertrag im Vergleich zum Hauptmietvertrag missbräuchlich ist.
- ihm aus der Untermiete wesentliche Nachteile entstehen.

Missbräuchlich ist ein Untermietvertrag, wenn die Untervermieterin von ihrem Untermieter einen Mietzins verlangt, der 30 bis 40 Prozent über ihrem eigenen liegt. Ein wesentlicher Nachteil entsteht dem Vermieter, wenn die Wohnung überbelegt ist. Er muss also zum Beispiel nicht akzeptieren, dass ein Studio, das nur für eine Person vorgesehen ist, von zwei oder mehr Personen bewohnt wird.

Das Mietrecht gilt auch für den Untermietvertrag

Mit dem Untermietvertrag befolgen Untervermieterin und Untermieter die Regeln des Mietrechts. Insbesondere gilt eine minimale Kündigungsfrist von drei Monaten – ausser der einziehende Lebenspartner mietet nur ein möbliertes Zimmer, was ja selten der Fall ist. Diese Fristen sind auch bei einer allfälligen Mietzinserhöhung zu beachten.

Zwischen dem Hauptvermieter und dem Untermieter besteht dagegen keine vertragliche Bindung. Zahlt die Untervermieterin zum Beispiel keine Miete mehr, kann der Hauptvermieter nicht plötzlich den Untermieter belangen. Auf der anderen Seite kann der Untermieter gegen eine Kündigung des Hauptmietvertrags allein nichts unternehmen. Akzeptiert die Untervermieterin die Kündigung, muss der Untermieter mit ihr zusammen ausziehen, sobald die Kündigungsfrist des Hauptmietvertrags abgelaufen ist. Das gilt selbst dann, wenn die Kündigungsfrist laut Untermietvertrag noch läuft.

TIPP *Das Mietvertragsmuster im Anhang (Seite 194) können Sie auch für Ihren* ***Untermietvertrag*** *verwenden.*

Wenn Abmachungen fehlen

Fehlen klare Abmachungen und kommt es zum Trennungsstreit, sorgen Sie garantiert für juristische Knacknüsse vom Feinsten. Ein Beispiel aus der Praxis des Beobachter-Beratungszentrums:

NORA WOHNT IM HAUS von Franco. Über eine Beteiligung an den Wohnkosten wurde nie gesprochen. Franco hat auch nie Miete von seiner Freundin verlangt. Nora hat immer alle Haushaltsarbeiten erledigt. Ihr war klar, dass sie auf diese Weise ihren Beitrag an die Wohnkosten erfüllte. Für Franco war es einfach selbstverständlich, dass die Frau den Haushalt macht. Als sich Nora nach zwei Jahren in Urs verliebt, ist Franco zutiefst verletzt: Nora soll sofort ausziehen und 24 000 Franken Benutzungsgebühr für die letzten zwei Jahre zahlen.

Wie lösen die beiden den Konflikt? Weil sie keine Abmachung getroffen haben, gibt es verschiedene Möglichkeiten:

Juristische Lösung 1 – Mietvertrag nach Artikel 253ff. OR: Gilt Nora als Mieterin, kann sie sich auf den gesetzlichen Kündigungsschutz des Mietrechts berufen und hat eine Kündigungsfrist von drei Monaten auf den nächsten ortsüblichen Termin. Auf der anderen Seite schuldet sie dann auch einen Mietzins. Mietrecht gilt nach der Rechtsprechung aber nur, wenn erstens Nora und Franco sich einig waren, dass die Benützung der Wohnung nicht gratis sei, und sie sich zweitens über die Höhe der Entschädigung geeinigt haben (BGE 119 II 347; ZR 102 N. 16). Lässt sich aus dem Verhalten der beiden wirklich schliessen, dass sie sich zumindest stillschweigend einig waren, dass Nora Miete in der Höhe des Wertes der geleisteten Hausarbeit zahlt? Verbindlich entscheiden kann diese Frage nur das Gericht.

Juristische Lösung 2 – Gebrauchsleihe nach Artikel 305ff. OR: Lässt sich nicht beweisen, dass beide von einer entgeltlichen Benutzung von Francos Wohnung ausgegangen sind, liegt am ehesten eine Gebrauchsleihe vor. Dann kann Franco keine Entschädigung fordern, weil die Gebrauchsleihe immer gratis ist. Auf der anderen Seite gibt es auch keinen Kündigungsschutz für Nora. Theoretisch müsste sie deshalb sofort ausziehen. Franco sollte ihr aber für den Auszug zumindest eine angemessene Frist von etwa zwei Wochen einräumen.

Juristische Lösung 3 – faktisches Vertragsverhältnis nach Lehre und Praxis: Was, wenn zwar erwiesen ist, dass beide von einer entgeltlichen Benützung der Wohnung ausgingen, aber nicht klar ist, von welcher Miethöhe sie ausgingen? Dann besteht weder ein Mietvertrag noch eine Gebrauchsleihe, die Gerichte können aber ein sogenanntes faktisches Vertragsverhältnis annehmen. Das heisst, Franco kann eine Entschädigung fordern, und das Gericht legt fest, wie hoch diese ist und wie weit Nora ihre Haushaltsarbeit verrechnen darf.

Angesichts der unsicheren Rechtslage ist Nora und Franco von einem Gerichtsprozess abzuraten. Viel sinnvoller ist es, sie einigen sich vernünftig:

Beobachter-Lösung: Nora sucht sich sofort eine neue Bleibe. Ein weiteres Zusammenwohnen ist für beide unter diesen Umständen sowieso nicht mehr zumutbar. Wegen der strittigen Entschädigung holen sie Rat bei einer Budgetberatungsstelle. Auch im Nachhinein lässt sich mithilfe der Fachleute eine faire Beteiligung an den gemeinsamen Wohn- und Lebenskosten errechnen.

Mein + dein = unser?

Sie sind ein Herz und eine Seele? Das ist unbezahlbar. Vermeiden Sie aber bitte: «Mein ist auch dein.» Denn das kann teuer werden. Klüger ist es, wenn Sie Ihre Vermögenswerte getrennt halten und in einem Inventar dokumentieren. Die Romantik muss deswegen nicht zu kurz kommen!

Wenn zwei zusammenziehen, verträgt die Wohnung allenfalls zwei Fernseher. Auch zwei Fonduerechauds können bei einer grossen Gästeschar nützlich sein. Zwei Esstische oder zwei Sofaecken sind aber in der Regel des Guten zu viel. Klären Sie am besten vor dem Einzug ins neue Heim, was mitdarf. Ist die Wohnungseinrichtung bestimmt, vergessen Sie auf keinen Fall, eine Hausratversicherung abzuschliessen oder die alte Police an die neue Wohnsituation anzupassen.

Zu viele Möbel, doppelter Hausrat

Über Geschmack lässt sich bekanntlich nicht streiten. Das wussten schon die alten Römer. Was also tun, wenn die Liebste unbedingt ihr gelbes Sofa im Wohnzimmer aufstellen will und der Schatz sich nicht von seinen kümmerlichen Zimmerpflanzen trennen kann? Eins ist klar: Nur Sie können dafür eine Lösung finden. Wohin aber mit den überflüssigen Einrichtungsgegenständen?

- Fragen Sie im Bekanntenkreis, wer was brauchen könnte.
- Brockenhäuser nehmen Ihnen saubere, intakte Gebrauchtgegenstände zum Weiterverkauf ab.
- Über Online-Auktionen im Internet oder auf dem Flohmarkt können Sie Ihre Ware direkt anbieten.
- Und man darf auch mal was wegwerfen. Achten Sie aber auf eine korrekte Entsorgung. Ihre Gemeindekanzlei gibt darüber gern Auskunft.

Klarheit dank Inventar

Ist einmal geklärt, wer was in den gemeinsamen Haushalt einbringt, lohnt es sich, die Eigentumsverhältnisse in einem Inventar festzuhalten. Denn wenn Sie das nicht tun, riskieren Sie einiges. Sollte der Partner einmal in Zahlungsschwierigkeiten stecken, könnten Gegenstände gepfändet werden, die ihm gar nicht gehören. Stirbt die Partnerin unerwartet, könnten ihre Erben Einrichtungsgegenstände beanspruchen, die er finanziert hat. Und sollte es doch einmal zur Trennung kommen, kann plötzlich strittig sein, wem nun was gehört.

Ihr Inventar erstellen Sie am besten gleich zu Beginn Ihrer Partnerschaft und aktualisieren es laufend (siehe Anhang, Seite 195). Behalten Sie auch die Kaufquittungen. Wie umfangreich das Inventar sein soll, bestimmen Sie allein. Orientieren Sie sich am besten am Zweck, den Sie damit erreichen wollen. Worum geht es Ihnen?

- Bei Schulden eines Partners sollen nur die Sachen, die ihm gehören, gepfändet werden.
  Im Hinblick auf eine Pfändung genügt es, wenn Sie nur die wertvollen Gegenstände im Inventar aufführen. Gegenstände ohne finanziellen Wert – zum Beispiel Ihre Fotoalben – werden sowieso nicht gepfändet.

- Im Todesfall soll für die Erben der verstorbenen Partnerin klar ersichtlich sein, was ihr gehörte und was nicht.
  Für diesen Fall nehmen Sie auch diejenigen Gegenstände ins Inventar auf, die für Sie einen emotionalen Wert haben.
- Bei einer Trennung geht es manchmal gar nicht um die Sache selbst. Verletzte Gefühle können erbitterte Kämpfe um den Hausrat provozieren.
  Diejenigen Gegenstände, die Sie dem Partner, der Partnerin sowieso überlassen würden, können Sie im Inventar weglassen. Diejenigen, die Ihnen am Herzen liegen, listen Sie auf.

Gemeinsame Anschaffungen

Gemeinsame Anschaffungen gibt es im Leben eines Paares mehr, als man denkt: die neue Küchenmaschine zum Beispiel oder der Staubsauger, ein neuer Teppich, die Zimmerpalme. Rechtlich begründen die Partner an diesen Dingen gemeinschaftliches Eigentum. Auch wenn Sie später nicht mehr wissen, wer nun was angeschafft hat, oder wenn Sie im Streitfall Ihr Eigentum nicht nachweisen können, wird gemeinschaftliches Eigentum angenommen.

Die juristischen Regeln für eine Teilung im Streitfall sind wenig praxistauglich (mehr dazu ab Seite 175). Am besten vermeiden Sie deshalb gemeinsame Anschaffungen – vor allem bei wertvollen Einrichtungsgegenständen oder Liebhabersachen. Sinnvoll ist es zum Beispiel, wenn der Partner das Ledersofa kauft und seine Lebensgefährtin dafür das abstrakte Gemälde zum Drüberhängen.

Klare Verhältnisse schaffen

Möchten Sie Scherereien von allem Anfang an vermeiden? Dann können Sie Folgendes vorkehren:

- wenn möglich keine gemeinsamen Anschaffungen tätigen
- ein Inventar erstellen und es regelmässig anpassen
- im Inventar vereinbaren, welche Teilungsregeln für gemeinsames Eigentum gelten
- alle Kaufbelege aufbewahren
- Option Darlehen prüfen

Wollen Sie von vornherein kein gemeinschaftliches Eigentum erwerben, Ihrem Partner aber trotzdem bei einer grösseren Anschaffung finanziell aushelfen, ist ein Darlehensvertrag die richtige Lösung. Ein ausführliches Muster finden Sie im Anhang (Seite 196). Sie können Ihren Partner aber auch eine einfache Darlehensquittung unterzeichnen lassen (siehe Kasten). Wenn Sie nichts anderes vereinbaren, ist das Darlehen unter Lebenspartnern nicht zu verzinsen, und es kann mit einer Frist von sechs Wochen gekündigt werden.

TIPP *Denken Sie daran, die Versicherungssumme in Ihrer* ***Hausratversicherung anzupassen,*** *wenn Sie namhafte Neuanschaffungen tätigen.*

DARLEHENSQUITTUNG

Kevin F. bestätigt, von Cornelia A. ein zinsloses Darlehen von 1000 Franken erhalten zu haben. Cornelia kann das Darlehen jederzeit mit einer Kündigungsfrist von drei Monaten zurückfordern.

Maur, 25. November 2023

Kevin F. Cornelia A.

Die Sachen des anderen mitbenutzen

Wohnen zwei zusammen, ist es ganz natürlich, dass sie ihren Kaffee mit seiner italienischen Espressomaschine zubereitet und er die Tagesschau auf ihrem Fernsehgerät anschaut. Wer macht sich da schon Gedanken über juristische Stolpersteine? Wenn Sie die Sachen des anderen mitbenutzen, brauchen Sie das meist auch nicht. Es gibt aber Ausnahmen:

TANJA UND IHRE TOCHTER MARA aus erster Ehe leben schon neun Jahre mit Raoul, Tanjas neuem Lebenspartner, zusammen. Vor einem Jahr hat Raoul ein iPad gekauft, das in Maras Zimmer steht. Raoul stirbt überraschend an einem Herzinfarkt. Noch vor der Beerdigung lassen seine Erben ein behördliches Inventar aufnehmen und fordern die Herausgabe all seiner Habe – auch des iPads. Tanja hielt das Gerät für ein Geschenk an Mara. Raouls Erben sagen, es sei nur ausgeliehen gewesen.

MONIKA FÄHRT SEIT VIER JAHREN mit Freds Auto zur Arbeit. Fred benützt es nur noch selten. Deshalb ist der Wagen auch auf Monika eingelöst und sie zahlt alle Kosten. Als Fred aus der gemeinsamen Wohnung auszieht, will ihm Monika sein Auto nicht herausgeben.

Für solch spezielle Fälle lohnt es sich vorzusorgen. Schaffen Sie untereinander klare Verhältnisse: Halten Sie fest, ob eine Schenkung gewollt ist oder ob der andere die Gegenstände nur nutzen darf. Überlassen Sie wie Fred im Beispiel Ihr Auto der Liebsten zum Gebrauch, können Sie dies mit ein paar wenigen Zeilen als Leihvertrag festhalten (siehe Kasten).

LEIHVERTRAG

Fred M. überlässt seiner Lebenspartnerin Monika H. sein Auto gratis zum Gebrauch. Monika löst den Wagen auf ihren Namen ein und bezahlt sämtliche Versicherungen. Wohnen Fred und Monika nicht mehr zusammen, ist Monika verpflichtet, Fred das Auto auf erstes Verlangen herauszugeben.

Fred hat Monika die von ihr im Voraus gezahlten Autoversicherungsprämien pro rata temporis ab Rückgabe des Autos bis zum Ablauf der Laufzeit zurückzuerstatten.

Ottenbach, 13. Oktober 2023

Fred M. Monika H.

Versicherungen anpassen

Die Schweizer gehören zu den am besten versicherten Menschen überhaupt. Auf die eine oder andere Police kann man durchaus verzichten, die Hausrat- und Haftpflichtversicherung aber ist ein Muss. Als Konkubinatspaar können Sie sich in einer Police versichern lassen. Manche Versicherer stellen eine Einzelversicherung auf einen von Ihnen aus, in der der Name des Partners, der Partnerin erwähnt ist. Bei anderen erhalten Sie eine Familienversicherung mit dem Hinweis auf das Konkubinat.

Verfügen Sie und Ihr Partner, Ihre Partnerin bereits beide über eine Hausrat- und/oder Haftpflichtversicherung, prüfen Sie mit den Versicherern, wie Sie die Policen möglichst rasch anpassen können. Rechnen Sie auch kurz durch, bei welchem Anbieter Sie günstiger wegkommen. Das Konkubinat ist zwar kein rechtlich anerkannter Kündigungsgrund, und manche Versicherer mögen vorerst auf der vertraglichen Kündigungsfrist beharren. Nach den Erfahrungen des Beobachter-Beratungszentrums lohnt sich aber hartnäckiges Nachfragen.

Die Hausratversicherung

Diese Police versichert den Hausrat gegen Feuer, Explosion, Wasserschäden und Einbruchdiebstahl. Egal ob Sie bei der Partnerin einziehen oder ob Sie beide eine neue Wohnung nehmen – jetzt ist die Gelegenheit, die Versicherungssumme richtig zu bestimmen. Vermeiden Sie eine Über- oder Unterversicherung. Ist die Summe zu hoch, zahlen Sie zu viel Prämien und erhalten im Schadenfall trotzdem nicht mehr als den wirklichen Wert der zerstörten Gegenstände. Schlimmer noch bei einer Unterversicherung: Wenn der Hausrat zu niedrig versichert ist, wird die Versicherungsleistung im Schadenfall proportional gekürzt.

DARIA UND SEBASTIAN haben Hausrat im Wert von 300 000 Franken. Ihre Versicherungspolice lautet aber nur auf 150 000 Franken. Bei einem Einbruch wird der neue Laptop gestohlen, dazu die teure Fotoausrüstung. Wert: insgesamt 4400 Franken. Die Versicherung übernimmt wegen Unterdeckung nur 2200 Franken.

TIPP *Von Ihrer Versicherungsgesellschaft erhalten Sie ein hilfreiches Formular, mit dem sich die* ***richtige Versicherungssumme*** *zuverlässig errechnen lässt.*

Die Haftpflichtversicherung

In der Regel wird die Privathaftpflichtversicherung mit der Hausratversicherung zusammen in derselben Police abgeschlossen. Die Haftpflichtversicherung kommt für Schäden auf, die Sie einer Drittperson zufügen. Versichert sind sowohl Sach- wie auch Personenschäden. Häufige Sachschäden sind die sogenannten Mieterschäden. Haben Sie zum Beispiel aus Unachtsamkeit das Lavabo in der Mietwohnung beschädigt, deckt Ihre

Privathaftpflichtversicherung diesen Schaden. Wichtiger aber ist die Versicherung für den Fall, dass Sie einen anderen Menschen ernsthaft verletzen. Dann kann der Schaden in die Millionen gehen.

RAFFAELA REITET AUF DEM FELDWEG an einer Familie vorbei. Weil sie das Pferd nicht im Griff hat, schlägt es aus und trifft den jungen Familienvater so unglücklich, dass dieser Zeit seines Lebens nicht mehr wird arbeiten können. Als selbständiger Werbetexter hat er keine Unfallversicherung, die den Erwerbsausfall übernehmen würde. Raffaela haftet für den Schaden, nur: Wie soll sie den Lebensunterhalt für eine ganze Familie bezahlen? Zum Glück für den Verunfallten – und auch für sich selbst – hat sie eine Haftpflichtversicherung abgeschlossen, die den Schaden übernimmt.

Mit einem durchschnittlichen Einkommen lassen sich solche Schäden gar nicht selber bezahlen. Deshalb ist die Privathaftpflichtversicherung so wichtig; verschiedene Versicherungsexperten sagen, sogar wichtiger als die Krankenkasse. Das Risiko, auf einen Schlag mit hohen Kosten konfrontiert zu werden, ist bei einem Haftpflichtfall grösser als bei einer Krankheit.

TIPP *Achten Sie auf eine* ***genügend hohe Deckung.*** *Mit einer Schadenssumme von fünf Millionen sind auch Fälle wie der im Beispiel beschriebene abgedeckt.*

Versicherungen fürs Auto

Hat Ihr Partner bereits ein Auto, das nun auch von Ihnen gefahren wird, müssen Sie der Versicherung unbedingt melden, wer mit dem Wagen fährt und wer häufigster Lenker ist. Ansonsten verletzen Sie Ihre Anzeigepflicht und laufen Gefahr, dass in einem Schadenfall die Leistungen gekürzt werden. Schummeln lohnt sich nicht. Wird beispielsweise die Partnerin fälschlicherweise als häufigste Lenkerin angegeben, weil sie tiefere Prämien erhält, muss die Versicherung nicht zahlen, wenn der Partner einen Unfall verursacht.

TIPP *Wenn Sie eine neue Versicherung abschliessen: Behalten Sie unbedingt eine Kopie des Antrags und kontrollieren Sie bei Erhalt der Police, ob die* ***Lenker darin richtig vermerkt*** *sind.*

Das gilt für binationale Paare

Sie haben sich in den Ferien in den Tauchlehrer verliebt? Die Liebe wächst von Aufenthalt zu Aufenthalt und Sie wollen Ihrem Schatz Ihre Heimat zeigen oder möchten mit ihm zusammen in der Schweiz leben?

Stammt Ihr Partner aus einem EU- oder EFTA-Land, kann er problemlos als Tourist einreisen und später eine Aufenthaltsbewilligung beantragen. Ist er Bürger eines anderen Staates, wirds kompliziert. Je nach Herkunft ist dann nicht einmal ein Kurzaufenthalt möglich.

Einreise und Aufenthalt für Partner aus der EU und der EFTA

In der Schweiz gilt für Ausländerinnen und Ausländer ein Zweiklassensystem: Menschen aus der Europäischen Union (EU) und der EFTA haben eine bessere Rechtsstellung als Bürgerinnen und Bürger aus anderen Ländern, den sogenannten Drittstaaten. Denn mit der EU hat die Schweiz bilaterale Verträge abgeschlossen, die auch ein Personenfreizügigkeitsabkommen enthalten.

Bürgerinnen und Bürger von EU- und EFTA-Staaten können jederzeit als Gäste oder Touristen in die Schweiz einreisen. Sie können pro Jahr zweimal drei Monate in der Schweiz bleiben, jeweils mit einem Unterbruch von mindestens einem Monat. Für die Einreise reicht der Reisepass oder der Personalausweis. Achtung: Als Tourist darf man in der Schweiz nicht arbeiten.

Möchten Sie dauerhaft mit Ihrem Partner, Ihrer Partnerin in der Schweiz leben, braucht es eine Aufenthaltsbewilligung. Das Abkommen mit der EU nennt dafür verschiedene Aufenthaltszwecke. Im Vordergrund stehen die Bewilligungen für Erwerbstätige. Eine solche erhält der Partner problemlos, wenn er einen Arbeitsvertrag vorweisen kann. Wer nicht zum Arbeiten in die Schweiz kommt, muss nachweisen, dass er genügend finanzielle Mittel hat, um nicht etwa der Sozialhilfe zur Last zu fallen. Zudem brauchen alle eine Kranken- und Unfallversicherung.

Menschen aus Drittstaaten sind benachteiligt

Stammt die Partnerin nicht aus dem EU-/EFTA-Raum, sondern beispielsweise aus Argentinien, wird ein Zusammenleben in der Schweiz schwierig. Eine spezielle Aufenthaltsbewilligung für Konkubinatspartner gibt es nicht. Die ausländische Freundin aus einem Nicht-EU-Land kann für höchstens drei Monate als Gast zu Besuch in die Schweiz kommen. Diese kurze Zeit muss genügen, um die Schweiz und die neue Familie kennenzulernen.

Wenn Sie nachweisen können, dass Sie die Beziehung ein paar Jahre lang intensiv gepflegt haben und dass es aus einem plausiblen Grund unmöglich ist, zu heiraten, können Sie für Ihre ausländische Partnerin allenfalls ausnahmsweise eine Aufenthaltsbewilligung erhalten. Solche Gesuche müssen jedoch sehr gut begründet und dokumentiert werden. Die Rechtsprechung des Bundesgerichts ist jedenfalls sehr streng. Verlangt wird, dass die Partnerschaft seit Langem eheähnlich gelebt wird oder dass konkrete Hinweise auf eine unmittelbar bevorstehende Hochzeit bestehen. Unter eheähnlich versteht das Bundesgericht den Umstand, dass gemeinsame Kinder da sind oder dass die Beziehung mindestens seit sechs Jahren gelebt wird (Urteil 2C_880/2017 vom 3. Mai 2018).

Ansonsten ist eine Aufenthaltsbewilligung praktisch nur zum Zweck der Erwerbstätigkeit oder für junge Leute zum Besuch einer Schule oder zum Studieren erhältlich. Aus Drittstaaten werden aber nur gut qualifizierte oder spezialisierte Arbeitskräfte in den Schweizer Arbeitsmarkt hereingelassen. Voraussetzung ist zudem, dass sich in der Schweiz und in der EU keine geeignete Arbeitskraft findet. Sonderregelungen bestehen für bestimmte Branchen wie Tourismus, Landwirtschaft, Gesundheitswesen, Transportwesen, Kultur oder Sport.

Damit die Partnerin eine Aufenthaltsbewilligung zum Schulbesuch erhält, muss sie die Voraussetzungen für die betreffende Aus- oder Weiterbildung erfüllen, eine Bestätigung der Schulleitung vorlegen und nachweisen, dass eine geeignete Unterkunft zur Verfügung steht. Studierende müssen eine Bestätigung des Studienplatzes und ein genaues Studienprogramm vorlegen, aus dem das Ausbildungsziel (Master, Doktorat usw.) ersichtlich ist. Und für beide Aufenthaltszwecke – Schule und Studium – wird ein Nachweis verlangt, dass genügend finanzielle Mittel für die ganze Dauer des Aufenthalts vorhanden sind.

Wenn nur noch heiraten hilft

Stammt Ihr Freund aus einem Land ausserhalb des EU-/EFTA-Raums, hat er keinen Anspruch auf eine Aufenthaltsbewilligung in der Schweiz. Je nach Herkunftsland ist nicht einmal eine Einreise als Gast oder Tourist möglich.

NADJA VERLIEBT SICH IN DEN FERIEN in den ägyptischen Hotelangestellten Raduan und umgekehrt. Sie reist mehrmals in den Ferien nach Ägypten, um ihren Schatz zu besuchen. Damit das Paar auch einmal den Alltag zusammen erleben kann, lädt Nadja Raduan als Gast in die Schweiz ein. Doch trotz ihrer Garantie, finanziell für den Freund aufzukommen, verweigern die Schweizer Behörden das Einreisevisum.

Die beiden sind kein Einzelfall. Ein Rekurs bei den Behörden hat in der Regel wenig Aussicht auf Erfolg. Zudem ist mit Verfahrenskosten von rund 600 Franken zu rechnen.

Vielen binationalen Paaren bleibt als einziger Ausweg die Heirat. Denn Ehepartner von Schweizer Bürgern oder von in der Schweiz Niedergelassenen haben grundsätzlich einen Anspruch auf eine Aufenthaltsbewilligung in der Schweiz.

Integration und Heimatanschluss

Wer dauerhaft in der Schweiz lebt, soll sich so gut wie möglich integrieren können. Von den Zugewanderten wird einerseits erwartet, dass sie sich um ihre Integration bemühen und die hiesigen Regeln und Gesetze einhalten. Andererseits ist es auch für den ausländischen Partner angenehmer, wenn er sich mit den Gepflogenheiten der neuen Heimat auskennt.

Integration ist zudem wichtig im Hinblick auf eine spätere Einbürgerung. Dafür sind in erster Linie die Gemeinden und Kantone zuständig; der Bund legt nur die Rahmenbedingungen fest. Unter anderem wird eine erfolgreiche Eingliederung in die schweizerischen Verhältnisse sowie ein Vertrautsein mit den schweizerischen Lebensgewohnheiten, Sitten und Gebräuchen verlangt.

Hilfreich für eine rasche Integration ist natürlich der Austausch mit Arbeitskollegen. Aber auch das Mitmachen in einem Verein kann sehr wertvoll sein. Warum nicht beim lokalen Damenturnverein oder in der Kompostgruppe erste Kontakte knüpfen?

Besonders wichtig sind Sprachkurse. Einerseits verlangen die Behörden heute gerade von Menschen aus Drittstaaten, dass sie eine der Landessprachen erlernen, wenn sie in der Schweiz bleiben wollen. Aber auch im privaten Bereich gilt: Je schneller Ihr Partner, Ihre Partnerin sich in der hiesigen Sprache verständigen kann, desto besser. Das macht das Leben im Freundes- und Bekanntenkreis einfacher. Laufend zu übersetzen, ist mühsam, und selbst wenn die Tischrunde die Sprache der Freundin spricht, verfällt man doch immer wieder ins Schweizerdeutsche, und schon ist sie ausgeschlossen. Das liegt jeweils nicht am bösen Willen, sondern passiert einfach – was es für die Liebste aber auch nicht besser macht.

TIPP *Ausführliche Informationen und Adressen finden Sie beim* ***Staatssekretariat für Migration:*** *www.sem.admin.ch (→ Einreise & Aufenthalt → Integration).*

Die eigene Heimat nicht vergessen

Genauso wichtig wie eine rasche Integration ist der Kontakt zur angestammten Heimatwelt. Getrennt von der Familie, den Freunden und der eigenen Sprache, kann es guttun, ab und zu mit Landsleuten in der Schweiz zusammenzukommen und sich auszutauschen. Hilfreich ist der Kontakt zu einem entsprechenden Ausländerverein. Ihre Gemeinde ist Ihnen bei der Suche nach der richtigen Adresse behilflich.

Sozialversicherungen auch für Ausländer

Das Netz der schweizerischen Sozialversicherungen trägt zu grossen Teilen auch Ausländerinnen und Ausländer. Vorausgesetzt, sie melden sich bei den verschiedenen Versicherungen an.

- Die gesamte Wohnbevölkerung der Schweiz ist obligatorisch bei der **AHV/IV** gegen die Risiken Alter, Invalidität und Tod versichert. Ist die ausländische Partnerin in der Schweiz erwerbstätig, läuft diese Versicherung über den Arbeitgeber. Ist sie nicht berufstätig, muss sie sich selber bei der AHV anmelden und die Beiträge abrechnen.

- Auch die **Krankenversicherung** ist obligatorisch. Die Anmeldung bei einer Krankenkasse muss innert dreier Monate ab Wohnsitznahme in der Schweiz erledigt sein.
- Bei der **Unfallversicherung** sind alle Arbeitnehmenden obligatorisch gegen Berufsunfälle versichert. Arbeitet der ausländische Partner mehr als acht Stunden pro Woche beim selben Arbeitgeber, sind auch Freizeitunfälle abgedeckt. Dann kann er die Unfalldeckung bei der Krankenkasse ausschliessen und ein paar Prämienfranken sparen.
- In der **Pensionskasse** (BVG) versichert sind Arbeitnehmende, deren Jahreslohn mehr als 21 350 Franken beträgt (Stand 2023). Die 2. Säule versichert ebenfalls die Risiken Alter, Invalidität und Tod.
- Bei der **Arbeitslosenversicherung** sind nur Arbeitnehmende versichert. Ein Bezug von Arbeitslosentaggeld ist aber grundsätzlich erst nach einer Erwerbstätigkeit von einem Jahr und ab einem Monatslohn von 500 Franken möglich.

TIPP *Ausführliche Informationen finden Sie in den* ***Merkblättern der AHV,*** *erhältlich unter www.ahv-iv.ch oder bei jeder AHV-Ausgleichskasse sowie beim Bundesamt für Sozialversicherung (www.bsv.admin.ch).*

Das Leben zu zweit

3

Nach all der Aufregung rund ums Zusammenziehen tut es gut, endlich den Alltag mit dem Schatz zu leben. In diesem Kapitel finden Sie Anregungen, wie Sie mit den alltäglichen Reibungsflächen umgehen, wie man ein Haushaltsbudget aufstellt, was Sie vorkehren können, wenn eine Seite die Erwerbstätigkeit reduziert, und viele weitere Hinweise für eine gute gemeinsame Zukunft.

Der Alltag kehrt ein

Ob Sie nun frisch verliebt in ein gemeinsames Heim einziehen oder sich schon länger kennen, zusammen wohnen heisst auch den Alltag zusammen erleben. Dazu gehören viele schöne Dinge, zum Beispiel die Freunde oder die Familie am gemeinsamen Tisch zu bewirten. Der Alltag bietet aber auch Reibungsflächen.

Die deutsche Forschungsgemeinschaft und die Abteilung Psychologie der Universität München haben 663 in erster Ehe verheirateten Paaren die Frage gestellt: «Was hält Ihre Ehe zusammen?» Die Antworten, dargestellt in der folgenden Grafik, sind auch für Konkubinatspaare interessant.

Köche und Köchinnen wissen: Rezepte allein sind keine Garantie für ein gelungenes Mahl. Kochen muss man selber. Manchmal gelingt es auf Anhieb, und manchmal schmeckts doch nicht so toll. Dann ändert man

WAS PAARE ZUSAMMENHÄLT

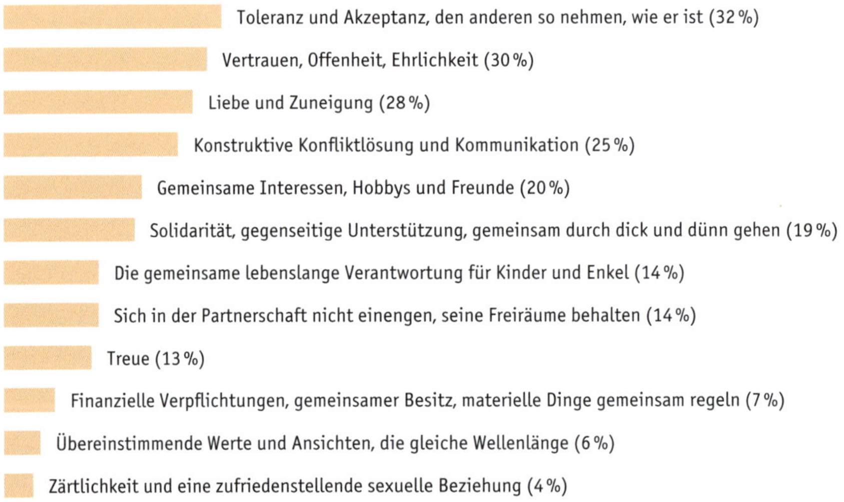

vielleicht etwas an der Zusammensetzung oder probiert das nächste Rezept aus. Hauptsache, Sie bleiben dran!

Haushalten ohne Spannungen

In den Paarhaushalten sind nach wie vor die Frauen hauptverantwortlich für die Haus- und Familienarbeit. Sie wenden durchschnittlich 29 Stunden pro Woche dafür auf, die Männer knapp 19 Stunden (Quelle: Schweizerische Arbeitskräfteerhebung, Bundesamt für Statistik, 2022). Die Frauen schlagen die Männer in dieser Domäne auch im 21. Jahrhundert also immer noch deutlich. Ist das bei Ihnen auch so?

Egal wer lieber, besser oder mehr haushaltet, sprechen Sie sich ab, ob und wie diese Leistung entschädigt sein soll. Suchen Sie sich aus, was für Ihre Verhältnisse am besten passt. Seien Sie aber ehrlich. Wollen und können Sie wirklich jeden Samstag drei Stunden im Haushalt werkeln? Ist das unrealistisch oder zeigt sich im Nachhinein, dass die guten Vorsätze in der Praxis nicht klappen, passen Sie Ihr Arrangement rasch an. Es gibt unzählige Möglichkeiten:

HANNES UND BIRGIT teilen die Hausarbeit auf: Eine Woche putzt Hannes, die andere Woche Birgit.
BEI GEORG UND HANNA wird anders aufgeteilt: Er ist fürs Putzen und Waschen zuständig, sie macht die Einkäufe, kocht und bügelt.
ANTONIAS HAUSARBEIT wird mit 25 Franken pro Stunde taxiert und im Haushaltsbudget entsprechend berücksichtigt.
KERSTIN MACHT DIE HAUSARBEIT gern allein und erwartet keine Entschädigung.
RAHEL UND MARCO leisten sich eine Putzhilfe.

Wer macht was im Haushalt?

Wissen Sie überhaupt, wer von Ihnen wie viele Stunden pro Woche im Haushalt arbeitet? Der Fragebogen auf der nächsten Seite soll Ihnen helfen, Ihre Arbeitsbelastung realistisch einzuschätzen. Füllen Sie ihn am besten unabhängig voneinander aus und vergleichen Sie das Resultat. Das Ergebnis soll Ihnen als Grundlage für eine faire Vereinbarung über die Aufteilung der Haushaltsarbeiten oder für eine Entschädigung dienen.

WÖCHENTLICHER ARBEITSAUFWAND IM HAUSHALT

Tätigkeit	Arbeitsaufwand in Minuten	
	Andrea	Elias
Einkaufen		
Kochen		
Abwaschen und Küche nach dem Kochen aufräumen		
Wohnung aufräumen und putzen		
Kleider waschen		
Bügeln		
Handwerkliches, Handarbeiten		
Müll, Glas, Metall, Kompost usw. entsorgen		
Haustier betreuen		
Pflanzen pflegen, Gartenarbeiten		
Andere Arbeiten im Haushalt		
Aufwand pro Woche total		

Lohn für die Hausarbeit?

Kümmert sich die Partnerin – oder der Partner – überwiegend allein um den Haushalt und allenfalls noch um die Kinder des Liebsten und hat sie dafür sogar ihre Erwerbstätigkeit reduziert, wäre es korrekt, wenn sie vom Partner für ihre Dienstleistungen Lohn erhalten würde. Auf diesem Lohn sind auch die Sozialversicherungsbeiträge zu entrichten. Das braucht es:

- Anmeldung bei der AHV
- Anmeldung bei der Pensionskasse (Auffangeinrichtung BVG, Adresse im Anhang), falls der Jahreslohn 21 350 Franken übersteigt (Stand 2023)
- Abschluss einer Unfallversicherung

Zugegeben: Diese Umtriebe sind auf den ersten Blick lästig. Dafür erleidet die haushaltführende Partnerin keine oder doch weniger Einbussen bei ihrer Altersvorsorge. Die automatische Absicherung über die AHV, die früher für haushaltführende Konkubinatspartner galt, gibt es nämlich nicht mehr. 1999 hat das Eidgenössische Versicherungsgericht seine bisherige Praxis aufgegeben: Ohne Arbeitsvertrag gilt die Partnerin, die den Haushalt macht, heute als Nichterwerbstätige und muss deshalb selber für ihre AHV-Beiträge aufkommen (BGE 125 V 205).

INFO *Auch wenn eine Seite mehr als nur ihren Anteil an der Hausarbeit verrichtet, wird nicht automatisch angenommen, dass ein Arbeitsvertrag vorliegt. Ohne entsprechende Vereinbarung gelten solche Arbeiten als* ***kostenlose Gefälligkeitshandlungen.***

Klarheit schaffen Sie nur mit einem schriftlichen Arbeitsvertrag. Und selbstverständlich hat der Lohnempfänger seinen Lohn als Einkommen zu versteuern (mehr zum Arbeitsvertrag auf Seite 69).

Entschädigung der Hausarbeit durch Naturalien

Die Entschädigung für Haushaltsarbeiten muss nicht zwingend eine Geldzahlung sein. Möglich sind auch andere Gegenleistungen, sogenannte Naturalien – zum Beispiel:

- Wohnrecht in der Liegenschaft der Partnerin
- tieferer Mietzinsanteil
- reduzierter Anteil an den Haushaltskosten oder Befreiung davon
- Befreiung von den anteilmässigen Kosten für die Putzhilfe

In zahlreichen Paarhaushalten mag die eine oder andere Lösung stillschweigend so praktiziert werden. Auch eine derartige stillschweigende Praxis ist rechtlich ein Vertrag. Egal ob Sie und Ihr Partner, Ihre Partnerin sich dessen bewusst sind.

Wir leisten uns eine Putzhilfe

Vor allem wenn Sie beide intensiv berufstätig sind, ist eine Putzhilfe Gold wert. Sie genieren sich, wenn jemand anderes Ihren Dreck wegputzt? Schauen Sie das Ganze doch mal aus einem anderen Blickwinkel an: Wer eine Putzhilfe anstellt, schafft einen Arbeitsplatz und hilft so mit, die Wirtschaft in Schwung zu halten!

Darum, wenn das Budget es zulässt: Leisten Sie sich eine Reinigungskraft! Für einen durchschnittlichen Zweipersonenhaushalt müssen Sie mit rund drei Stunden wöchentlicher Putzarbeit rechnen, was auf 300 bis 400 Franken pro Monat zu stehen kommt. Achten Sie aber darauf, dass Ihre Putzhilfe eine Arbeitsbewilligung hat, und dulden Sie keine Schwarzarbeit. Das bisschen Papierkram zahlt sich aus. Und das braucht es dazu:

- einen schriftlichen Arbeitsvertrag (siehe nächste Seite). Zeitaufwand: 15 Minuten
- eine Versicherung gegen Betriebsunfall. Kosten: 100 Franken pro Jahr. Die Versicherung schliessen Sie bei einem privaten Unfallversicherer ab. Diese haben eigens dafür zugeschnittene Policen. Zeitaufwand für die telefonische Bestellung, Durchsicht der Police und Unterschrift: 20 Minuten
- Anmeldung bei der AHV. Details erfahren Sie bei der kantonalen AHV-Ausgleichskasse (Adressen unter www.ahv-iv.ch → Kontakte → Kantonale Ausgleichskassen). Zeitaufwand: 30 Minuten
- einmal jährlich die AHV-Beiträge abrechnen und den Lohnausweis für die Steuern ausfüllen. Für beides gibt es Formulare. Zeitaufwand: je 15 Minuten
- einmal monatlich die Lohnabrechnung erstellen. Zeitaufwand: 5 Minuten

Für Hausangestellte besteht ein vom Kanton herausgegebener Normalarbeitsvertrag (NAV) mit Bestimmungen über den Abschluss, den Inhalt und die Beendigung des Arbeitsverhältnisses. Diese Bestimmungen gelten auch für Ihre Anstellung einer Putzkraft, Sie können sie aber im Arbeitsvertrag abändern und präzisieren. Den NAV erhalten Sie bei der kantonalen Verwaltung.

INFO *Seit dem 1. Januar 2023 gelten für die ganze Schweiz* ***Mindestlöhne*** *von Fr. 19.50 pro Stunde für Ungelernte ohne Berufserfahrung bis zu Fr. 23.55 pro Stunde für gelernte Hausangestellte mit eidgenössischem Fähigkeitsausweis. Weitere Informationen finden Sie unter www.seco.admin.ch (→ Arbeit → Personenfreizügigkeit und Arbeitsbeziehungen → Normalarbeitsverträge).*

ARBEITSVERTRAG
FÜR DIE PUTZHILFE

In Abänderung des kantonalen Normalarbeitsvertrags vereinbaren wir, was folgt:

Frau Maria S. putzt unsere Wohnung jeden Dienstag während drei Stunden. Während ihrer Ferien sowie während der Ferien des Arbeitgebers fallen die Putztage entschädigungslos aus. Der Ferienlohn für diese Zeit wird mit dem laufenden Lohn ausgezahlt.

Frau S. erhält folgenden Lohn:

Lohn pro Stunde	Fr. 32.00
Ferienentschädigung (entspricht 5 Wochen bezahlte Ferien)	Fr. 3.40
Total brutto	Fr. 35.40
abzüglich AHV/IV/ALV/EO (6,4 %)	– Fr. 2.25
auszuzahlender Nettolohn	Fr. 33.15

Kann Frau S. wegen Krankheit oder Unfall nicht arbeiten, erhält sie den Lohn nach den Bestimmungen des Obligationenrechts weitergezahlt (Art. 324a/b OR). Auch im Übrigen gelten ausschliesslich die Bestimmungen des Obligationenrechts.

Frau S. hat folgendes Pflichtenheft:

Jede Woche

- Bad und WC: Badewanne, Lavabo und WC reinigen, Boden feucht aufnehmen
- Küche: Küchenabdeckung und Schränke aussen reinigen, Herdplatte und Schüttstein reinigen, Boden feucht aufnehmen
- Übrige Zimmer: abstauben und staubsaugen

Einmal pro Monat

- Küche: Kühlschrank putzen
- Übrige Zimmer: Parkettböden feucht aufnehmen

Einmal pro Jahr (nach Absprache)

- Alle Zimmer: Fenster putzen
- Küche: Backofen reinigen

Köniz, 17. September 2023
Hermann U. Maria S.

Budgetfragen

Die Budgetierung und gerechte Aufteilung der gemeinsamen Lebenskosten ist nicht einfach. Trotzdem kommt kein Paar darum herum, dieses Thema zu besprechen. Am besten treffen Sie schon beim Zusammenziehen verbindliche Abmachungen, wer wie viel in die Haushaltskasse zahlt, wer sich in welchem Umfang an der Haushaltsführung und/oder Kinderbetreuung beteiligt und wie solche Leistungen zu gewichten sind.

Hilfreich sind dabei die Budgetbeispiele der Budgetberatung Schweiz (www.budgetberatung.ch). Mithilfe der Merkblätter auf der Website können Sie Ihr Budget selber fachmännisch erstellen. Die Stelle bietet aber auch eine kostengünstige persönliche Beratung an.

Was kostet unser Haushalt?

Um eine faire Verteilung der Haushaltskosten zu erreichen, muss man zuerst die relevanten Zahlen kennen. Wie hoch die Wohnungskosten sind, wissen die meisten aus dem Stegreif. Mit welchen Beträgen die Energiekosten, die Ausgaben für Nahrungsmittel oder für die Zeitungs- und Zeitschriftenabos monatlich zu Buche schlagen, weiss man dann nicht mehr so genau. Ein sorgfältig erstelltes Budget verschafft den nötigen Durchblick.

TIPP *Bevor Sie ein Budget erstellen, lohnt es sich, einen Monat lang* ***alle Quittungen aufzubewahren.*** *So gewinnen Sie einen Überblick über Ihre regelmässigen Ausgaben.*

Definieren Sie zuerst, welche Ausgaben Sie überhaupt in Ihrem gemeinsamen Haushaltsbudget berücksichtigen wollen. Je nach Lebenssituation werden das mehr oder weniger Posten sein. Bei einem Doppelverdienerpaar ohne Kinder reicht es meist, nur die Wohn- und Haushaltskosten ins Budget aufzunehmen:

- Miet- bzw. Hypothekarzins inklusive Neben- bzw. Unterhaltskosten
- Strom, Gas, Wasser
- Gebühren für Telefon, Radio / TV und Internet
- Hausrat- und Privathaftpflichtversicherung
- Auslagen für Nahrungsmittel und Getränke, Wasch- und Putzmittel

Für ein Paar mit gemeinsamen Kindern kann es zweckmässiger sein, wenn alle Ausgaben der Familie im Haushaltsbudget enthalten sind, also zum Beispiel auch die Steuern oder die Rückstellungen für Ferien. Im Kasten finden Sie als Orientierungshilfe eine Checkliste mit diversen Budgetposten. Picken Sie sich die Positionen heraus, die zu Ihrer Situation passen.

CHECKLISTE: BUDGET FÜR DEN GEMEINSAMEN HAUSHALT

Wohnen

- Mietwohnung: Mietzins und Nebenkosten wie Heizung, Warmwasser
- Eigenheim: Hypothekarzins, Heizkosten, Wasser- und Abwassergebühren, Gebäudeversicherung, Unterhalt und Reparaturen
- Strom, Gas
- Gebühren für TV/ Radio-, Festnetz- und Internetanschluss
- Handykosten

Versicherungen und Vorsorge

- Hausrat- und Privathaftpflichtversicherung
- Lebensversicherung
- Andere Versicherungen
- Vorsorge über die 3. Säule

Lebensbedarf

- Ernährung
- Wasch- und Putzmittel
- Körperpflege
- Kosten für Wäscherei, chemische Reinigung

Transport

- Leasingraten fürs Auto
- Autoversicherungen und -abgaben
- Kosten fürs Benzin

- Miete für Garage, Abstellplatz
- Servicekosten, Reparaturen
- Kosten für den öffentlichen Verkehr, Halbtaxabo, GA

Gesundheitskosten

- Krankenkassenprämien
- Zahnarzt
- Selbstbehalt für Arztkosten und Medikamente

Berufsauslagen

- Auswärtige Verpflegung
- Berufskleidung

Steuern

- Bundes-, Kantons- und Gemeindesteuern
- Militärpflichtersatz

Haustiere und Kulturelles

- Kosten fürs Haustier wie Futter, Tierarzt
- Zeitungs- und Zeitschriftenabonnemente
- Mitgliederbeiträge für Vereine
- Weiterbildung

Hobby und andere persönliche Auslagen

- Coiffeur, Kosmetikerin
- Auslagen für Hobby und Ausgang
- Rauchen
- Bekleidung
- Taschengeld

Kinder

- Kinderbetreuungskosten
- Bekleidung
- Kosten für Schulung
- Auslagen für Sport, Musikunterricht usw.

Diverses

- Ferien, gemeinsame Ausflüge
- Rückstellungen für geplante Anschaffungen
- Sparen
- Unvorhergesehenes

Haben Sie entschieden, welche Posten zu Ihrem gemeinsam zu tragenden Haushaltsbudget gehören, gilt es in einem zweiten Schritt, eine faire Aufteilung unter den Partnern zu finden.

Gemeinsame Kosten fair aufteilen

Verdienen Sie beide ungefähr gleich viel und teilen Sie sich die Haushaltsarbeiten, werden Sie in der Regel die gemeinsamen Kosten halbieren. Sind die Einkommen spürbar unterschiedlich, könnten die Kosten proportional zu den Löhnen aufgeteilt werden. Kümmert sich Ihr Partner mehrheitlich um den Haushalt und allenfalls die Kinder, können Sie den Wert seiner Leistung in Geld beziffern und im gemeinsamen Haushaltsbudget berücksichtigen. Die Budgetberatung Schweiz empfiehlt dafür eine Entschädigung zwischen 25 und 30 Franken pro Stunde.

Welche Aufteilung für Sie die richtige ist, entscheiden Sie selbst. Die folgenden zwei Beispiele zeigen Ihnen, welche Überlegungen Sie zum gerechten Schlüssel führen.

NOAH UND JÜRG haben keine Kinder und verdienen beide gut. Da Noah nur 80 Prozent berufstätig ist, hat er aber pro Monat 1500 Franken weniger. Die beiden vereinbaren, die Haushaltskosten trotzdem je zur Hälfte zu tragen. Jürg übernimmt alle Ausgaben für die Putzhilfe. Dies als Kompensation, weil Noah sich um die Hausarbeit, die nicht von der Putzkraft erledigt wird, allein kümmert. Noah und Jürg zählen folgende Ausgaben zu ihrem Haushaltsbudget:

Miete	Fr. 2500.–
Hausrat- und Haftpflichtversicherung	Fr. 50.–
Strom	Fr. 70.–
TV/Radio-, Festnetz- und Internetanschluss	Fr. 200.–
Zeitungen und Zeitschriften	Fr. 60.–
Nahrungs-, Putz- und Waschmittel	Fr. 1000.–
Total	Fr. 3880.–

SARAH UND HANSPETER leben zusammen mit ihrem Sohn Tino. Sie haben vereinbart, alle ihre Kosten gemeinsam zu tragen. Insgesamt kommen sie auf monatliche Ausgaben von 6000 Franken. Hanspeter verdient pro Monat 6000 Franken netto. Sarah hat ihr Arbeitspensum zugunsten der Familienarbeit auf 40 Prozent reduziert und bringt 1800 Franken nach Hause. Hanspeter erzielt also ungefähr 75 Prozent des Familieneinkommens, Sarah 25 Prozent. Hanspeter engagiert sich neben seiner Arbeit im Haushalt und bei der Kinderbetreuung, sodass beide Eltern gleich viel Freizeit geniessen können.

Weil Sarah durch die Reduktion der Berufstätigkeit Einbussen bei ihrer Altersvorsorge hat, vereinbart das Paar, dass sie als Kompensation weniger als 25 Prozent an die Haushaltskosten beiträgt. Hanspeter übernimmt 90 Prozent, also 5400 Franken pro Monat, Sarah nur 10 Prozent oder 600 Franken.

Zahlungsmodalitäten

Für die Abwicklung stehen im Wesentlichen zwei Modelle im Vordergrund:

- **Modell 1**

  Jede Seite bezahlt die Rechnungen, die auf ihren Namen ausgestellt sind, und behält alle relevanten Quittungen. Abgerechnet wird per Monatsende nach dem vereinbarten Aufteilungsschlüssel. Beim grössten Posten, dem Mietzins, ist es am einfachsten, wenn zum Beispiel der Partner die gesamte Miete per Dauerauftrag bezahlt und die Partnerin ihm ihren Anteil ebenfalls per Dauerauftrag überweist.
- **Modell 2**

  Jede Seite bezahlt ihren Anteil im Voraus monatlich auf ein gemeinsames Haushaltskonto ein. Die Haushaltsrechnungen werden über dieses Konto bezahlt. Für die täglichen Einkäufe gibt es ein oder zwei spezielle Haushaltsportemonnaies respektive Kreditkarten.

Die Erwerbsarbeit aufgeben?

Er kümmert sich um Kinder und Haushalt; sie pflegt ihren kranken Partner; er arbeitet im Geschäft der Freundin mit; und sie kann es ruhiger nehmen, weil der Liebste genug für beide verdient – es gibt manchen guten Grund, das Arbeitspensum zu reduzieren.

Viele sind sich dabei aber nicht bewusst, dass das Schweizer Sozialversicherungsrecht in weiten Teilen eng mit der Erwerbsarbeit verknüpft ist. Eine Reduktion oder gar die Aufgabe der Erwerbstätigkeit kann deshalb empfindliche Einbussen bei der eigenen Absicherung zur Folge haben. Diese Lücken lassen sich durch Eigeninitiative zum Teil schliessen oder wenigstens verringern.

Angestellte sind besser versichert

Es lohnt sich also, die Grundpfeiler des schweizerischen Sozialversicherungssystems zu kennen. Dabei geht es primär um die Abdeckung der Risiken Alter, Invalidität, Tod, Arbeitslosigkeit, Krankheit, Unfall und Mutterschaft. Ein kurzer Überblick:

- **AHV/ IV:** In der 1. Säule ist die gesamte Wohnbevölkerung der Schweiz obligatorisch gegen die Risiken Alter, Invalidität und Tod versichert. Sind Sie angestellt erwerbstätig, zahlt Ihr Arbeitgeber die Beiträge ein. Das sind inklusive Arbeitslosenversicherung und Erwerbsersatz 12,80 Prozent vom Bruttolohn. Die Hälfte wird Ihnen vom Lohn abgezogen, die andere Hälfte trägt der Arbeitgeber. Selbständigerwerbende zahlen maximal 10 Prozent ihres Einkommens (nach Abzug der geschäftlich notwendigen Unkosten). Sie erhalten die Rechnung direkt von der AHV. Nichterwerbstätige zahlen Beiträge auf der Basis ihres Vermögens und Einkommens; sie müssen sich selber um die Abwicklung kümmern.
- **Pensionskasse:** Auch aus der 2. Säule werden Alters-, Invaliden- und Hinterlassenenrenten ausgerichtet. Die berufliche Vorsorge steht nur Erwerbstätigen offen. Angestellte mit einem Jahreseinkommen von mindestens 21 350 Franken (Stand 2023) sind obligatorisch bei einer Pen-

sionskasse angeschlossen, Selbständige können sich freiwillig versichern. Wer die Erwerbstätigkeit aufgibt oder unter den Minimallohn reduziert, verliert den Anspruch auf eine spätere Pensionskassenrente. Das angesparte Altersguthaben, auch Freizügigkeitsleistung genannt, wird entweder auf einem Freizügigkeitskonto oder in einer Freizügigkeitspolice deponiert.

- **Säule 3a:** Auch die steuerbegünstigte Vorsorge über die Säule 3a steht nur erwerbstätigen Personen offen. Wer bei einer Pensionskasse versichert ist, kann pro Jahr maximal 7056 Franken in die Säule 3a einzahlen. Selbständigerwerbende, die sich nicht freiwillig einer Pensionskasse angeschlossen haben, können bis zu 20 Prozent des Nettoeinkommens einzahlen (maximal 35 280 Franken pro Jahr, Stand 2023). Dasselbe gilt für Angestellte, die nicht genügend Jahreseinkommen für einen Anschluss bei der Pensionskasse haben.
- **Arbeitslosenversicherung:** Wer seine Arbeit verliert und erfolglos eine Stelle sucht, kann Arbeitslosentaggelder beziehen. Dies allerdings nur, wenn alle gesetzlichen Voraussetzungen erfüllt sind. Eine davon ist die Beitragszeit: Taggelder erhält grundsätzlich nur, wer in den zwei vorangehenden Jahren während mindestens zwölf Monaten erwerbstätig war und Beiträge abgeliefert hat. Wenn Sie also Ihr Pensum und Einkommen reduzieren, verringern Sie damit auch Ihr Taggeld. Und wenn Sie länger als ein Jahr nicht erwerbstätig sind, haben Sie gar keinen Anspruch mehr. Dies gilt auch dann, wenn Sie vorher jahrelang Beiträge gezahlt haben. Immerhin gibt es Sonderregelungen für Frauen, die während der Schwangerschaft aus medizinischen Gründen arbeitsunfähig werden oder ihre Erwerbstätigkeit aufgeben, um ihre kleinen Kinder zu betreuen. Keine Ausnahme gibt es dagegen, wenn Sie nach einer Trennung von Ihrem Lebensgefährten aus wirtschaftlichen Gründen wieder arbeiten müssen und keine Stelle finden. Nur Ex-Eheleute sind da besser gestellt (BGE 123 V 219).
- **Mutterschaftsversicherung:** Während 14 Wochen nach der Geburt deckt die Mutterschaftsversicherung 80 Prozent des Lohnes ab. Wer nicht erwerbstätig ist, hat keinen Anspruch auf diese Zahlungen.
- **Krankheit und Unfall:** Gegen diese Risiken ist die gesamte Wohnbevölkerung obligatorisch versichert – zumindest, was die Heilungskosten angeht. Bei den Einkommenseinbussen gibt es Unterschiede: Arbeitnehmende sind gegenüber den Selbständigerwerbenden und den

Nichterwerbstätigen privilegiert. Über den Arbeitgeber sind sie automatisch der Unfallversicherung angeschlossen, die sowohl ein Taggeld wie auch eine Rente bei Invalidität auszahlt. Wer mehr als acht Stunden pro Woche beim selben Arbeitgeber tätig ist, ist auch gegen Freizeitunfälle versichert. Im Krankheitsfall muss der Arbeitgeber nach drei Monaten Anstellung im Minimum drei Wochen lang den Lohn weiterzahlen, bei längerer Anstellungsdauer entsprechend länger. Viele Arbeitgeber haben für ihre Belegschaft freiwillig eine Kollektiv-Krankentaggeldversicherung abgeschlossen, die in der Regel während maximal zweier Jahre 80 Prozent des Lohnes abdeckt.

Lücken vermeiden, Einbussen auffangen

Das Sozialversicherungsrecht ignoriert die nichteheliche Lebensgemeinschaft weitgehend – mit der Folge, dass Konkubinatspaare mehrheitlich schlechter abgesichert sind als Verheiratete. Nur gleichgeschlechtliche Paare konnten seit 2007 durch die Eintragung ihrer Partnerschaft eine Gleichstellung mit Eheleuten erreichen. Heterosexuelle Lebenspartner, die ihren Arbeitserwerb aufgeben oder erheblich reduzieren, können die Einbussen bei der Sozialversicherung nur zum Teil auffangen.

INFO *Wer **nicht erwerbstätig** ist, kann sich weder bei der staatlichen Arbeitslosenversicherung noch bei der Mutterschaftsversicherung freiwillig versichern.*

1. Säule: AHV/IV

Nicht erwerbstätige Verheiratete sind von der Beitragspflicht befreit, wenn der Ehemann, die Ehefrau AHV-Beiträge abrechnet. Bis 1999 war das im Konkubinat ähnlich: Die haushaltführende Partnerin (oder der Partner), die keiner Erwerbstätigkeit nachging, galt als Angestellte ihres Lebensgefährten und unterstand automatisch allen Arbeitnehmerversicherungen; der «Arbeitgeber» hatte für die korrekte Abrechnung zu sorgen. Das gilt heute nicht mehr. Wenn Sie die Erwerbstätigkeit aufgeben, den Haushalt führen und vom Partner keinen Lohn erhalten, gelten Sie AHV-rechtlich als nicht erwerbstätig – auch wenn Sie vom Partner als Gegenleistung Kost und Logis und allenfalls ein Taschengeld erhalten (BGE 125 V 205).

TIPP *Sind Sie nicht erwerbstätig, gilt es,* ***Beitragslücken zu vermeiden.*** *Sonst wird Ihre spätere Rente gekürzt, für jedes fehlende Beitragsjahr um 1/44. Sie müssen sich selber bei der AHV melden. Diese berechnet Ihre Beiträge auf der Basis Ihres Vermögens und sonstigen Einkommens. Sind bereits Beitragslücken entstanden, können Sie fehlende Beiträge bis maximal fünf Jahre zurück nachzahlen.*

Haben Sie Kinder unter 16 Jahren, erhalten Sie sogenannte Erziehungsgutschriften. Diese entsprechen den Beiträgen für ein Jahreseinkommen von 44 100 Franken und werden Ihnen automatisch gutgeschrieben (Stand 2023). Zwar müssen Sie trotz Erziehungsgutschriften die Beiträge als Nichterwerbstätige zahlen. Haben Sie das bisher nicht getan, entstehen dank der Gutschriften aber immerhin keine Beitragslücken.

Verheirateten Eltern werden die Erziehungsgutschriften je zur Hälfte gutgeschrieben, unverheiratete Eltern mit gemeinsamer elterlicher Sorge haben eine Wahlmöglichkeit. Sie können bei der Kindes- und Erwachsenenschutzbehörde (Kesb) eine Vereinbarung einreichen, dass die Erziehungsgutschrift ganz dem Vater oder der Mutter gutgeschrieben werden soll. Das ist dann sinnvoll, wenn der andere Elternteil mit seinen übrigen Beiträgen sowieso schon auf die maximale Rente kommt. Hat nur ein Elternteil das Sorgerecht, erhält er die ganze Gutschrift.

INFO *Seit dem 1. Januar 2015 müssen unverheiratete Eltern mit gemeinsamem Sorgerecht der Kesb eine* ***Vereinbarung zu den Erziehungsgutschriften*** *einreichen (siehe Seite 120). Tun sie das nicht, entscheidet die Behörde. Einen Mustertext finden Sie im Anhang (Seite 202). Ein mehrsprachiges Formular zum Thema gibt es im Internet unter www.kokes.ch (→ Dokumentation → Revision Sorgerecht), weitere Informationen finden Sie in den Merkblättern der AHV (erhältlich unter www.ahv-iv.ch oder bei jeder AHV-Ausgleichskasse).*

Berufliche Vorsorge und Säule 3a

Wenn Sie keiner Pensionskasse angeschlossen sind – weil Ihr Einkommen zu tief ist oder Sie gar nicht erwerbstätig sind –, können Sie sich nicht freiwillig versichern. Diese Lücke lässt sich also privat nicht schliessen.

Das bisher angesparte Altersguthaben wird als Freizügigkeitsleistung entweder auf ein Freizügigkeitskonto bei einer Bank oder in eine Freizügigkeitspolice bei einer Versicherung übertragen. Auf dem Bankkonto erhalten Sie einen Vorzugszins. Bei der Police ist der Zins für die Altersvorsorge tiefer, dafür haben Sie im Gegensatz zum Freizügigkeitskonto eine Versicherung gegen die Risiken Invalidität und Tod. Ausgezahlt wird Ihnen das Guthaben, wenn Sie das ordentliche Pensionierungsalter erreicht haben. Ein Bezug ist bis maximal fünf Jahre vor oder maximal fünf Jahre nach diesem Datum möglich.

Auch in die Säule 3a können Sie nichts einzahlen, wenn Sie kein Erwerbseinkommen erzielen. Doch wenn Sie ein kleines Arbeitspensum haben, das zu tief ist für eine Versicherung über die Pensionskasse, können Sie 20 Prozent Ihres Nettoeinkommens über die Säule 3a sparen. Damit profitieren Sie von einem besseren Zins als auf dem üblichen Sparkonto und können den eingezahlten Betrag in der Steuererklärung abziehen.

TIPP *Die **3a-Lebensversicherung** ist nicht für alle geeignet. Denn dabei verpflichten Sie sich, Jahr für Jahr Prämien zu zahlen. Das dürfen Sie aber nur, wenn Sie erwerbstätig sind. Schalten Sie eine Babypause oder eine vollzeitliche Weiterbildung ein, sind Verluste programmiert. Bei einem **3a-Sparkonto** passiert das nicht. Da entscheiden Sie selber, wann und wie viel Sie einzahlen.*

Krankheit und Unfall

Nichterwerbstätige und Erwerbstätige, die über den Arbeitgeber ungenügend gegen Erwerbsausfall versichert sind, können eine private Versicherung abschliessen. Bei Krankheit oder Unfall wird dann das in der Police festgelegte Taggeld ausgezahlt.

Es lohnt sich, die Prämien und die Leistungen sorgfältig zu vergleichen. Viele Versicherer zahlen beispielsweise nur, wenn Sie einen Erwerbsausfall nachweisen – und das können Nichtberufstätige ja gerade nicht. Achten Sie auch darauf, dass Sie eine sogenannte Summenversicherung abschliessen. Diese zahlt bei Eintritt des versicherten Ereignisses die vereinbarte Leistung, und zwar unabhängig davon, ob noch andere Versicherungen zahlen müssen.

TIPP *Viele Erwerbstätige haben bei der Krankenkasse die Unfalldeckung ausgeschlossen, weil ja die Unfallversicherung die Heilungskosten übernimmt. Wenn Sie Ihre Erwerbstätigkeit* *aufgeben, müssen Sie die **Unfalldeckung in der Krankenversicherung** wieder einschliessen. Das kostet ein paar Prämienfranken mehr.*

Das können Sie zusätzlich tun
Prüfen Sie mit Ihrem Partner, Ihrer Partnerin den Abschluss einer Lebensversicherung. Damit lassen sich noch bestehende Lücken bei Ihrer Alters- und Invalidenvorsorge schliessen.

Prüfen Sie auch den Abschluss eines Arbeitsvertrags für Ihre Arbeit im Haushalt oder im Geschäft Ihres Partners, Ihrer Partnerin. Zwar werden dann Beiträge an die Sozialversicherungen fällig, doch Sie sichern sich damit einige Vorteile (siehe nächste Seite).

Arbeit im Betrieb des Liebsten

Ihr Partner schätzt es gewiss sehr, wenn Sie sich in Ihrer Freizeit um die Buchhaltung kümmern, am Samstag einige Stunden im Laden aushelfen oder sich gar jeden Tag in seinem Geschäft nützlich machen. Egal in welchem Mass Sie sich engagieren, schaffen Sie von Anfang an klare Verhältnisse.

Sollen Ihre Leistungen entschädigt werden? In welcher Höhe? Wann und in welcher Form erfolgt die Entschädigung (Geld oder Naturalleistung)? Bei diesen Fragen darf es keine Tabus geben. Geheime Erwartungen, der Partner werde sich dann bei Gelegenheit schon erkenntlich zeigen, können zu bösen Enttäuschungen führen.

LOTTA HALF IHREM MAX während zweier Jahre beim Aufbau seines Geschäfts. Da Max am Anfang knapp bei Kasse war, verlangte sie nichts für ihre Dienstleistungen. Wenn das Geschäft dann mal gut läuft, wird sich Max sicher revanchieren, dachte sie. Just als das Geschäft zu florieren beginnt, stirbt Max unerwartet an einem Herzinfarkt. Seine Geschwister erben das Geschäft und denken nicht im Traum daran, Lotta im Nachhinein zu entschädigen.

LISA HAT EINEN GUT GEHENDEN KOSMETIKSALON. Ihr Freund Tom ist Buchhalter und kümmert sich in der Freizeit auch um die Buchhaltung von Lisas Geschäft. Lisa ist Tom sehr dankbar und spendiert ihm ab und zu ein feines Nachtessen. Als sie den Gewinn aus dem Geschäft nicht, wie von Tom insgeheim erhofft, in eine gemeinsame Eigentumswohnung investieren will, fordert er im Nachhinein eine Entschädigung für seine Dienste. Lisa findet seine Forderung unverschämt.

Vorteilhafter Arbeitsvertrag

Wenn Sie sich für eine Entschädigung entschieden haben, sollten Sie für die mitarbeitende Partnerin – oder den Partner – einen Arbeitsvertrag aufsetzen. Das bringt folgende Vorteile:

- Die «Angestellte» hat keine Beitragslücken bei der AHV/IV.
- Übersteigt der Jahreslohn 21 350 Franken, ist sie in der 2. Säule (Pensionskasse) obligatorisch versichert (Stand 2023).
- Als Erwerbstätige kann sie auch über die Säule 3a sparen.
- Angestellte sind obligatorisch gegen Betriebsunfälle versichert, ab acht Wochenstunden auch gegen Freizeitunfälle. Die Unfallversicherung übernimmt 80 Prozent des Lohnes sowie die Heilungskosten. Deshalb kann bei der Krankenkasse die Unfalldeckung ausgeschlossen werden.
- Bei Krankheit wird im ersten Dienstjahr mindestens drei Wochen der volle Lohn gezahlt, später eine entsprechend längere Zeit.
- Nach einem Jahr Anstellung kann die Partnerin bei Arbeitslosigkeit Taggelder beziehen.
- Nach fünf Monaten Anstellung hat sie Anspruch auf 14 Wochen bezahlten Mutterschaftsurlaub.

DAS GEHÖRT IM MINIMUM IN DEN ARBEITSVERTRAG

- Datum des Stellenantritts
- Lohn (Monats- oder Stundenlohn, 13. Monatslohn)
- Arbeitspensum und Arbeitszeiten
- Aufgabengebiet und Stellung im Betrieb

Einen Mustervertrag finden Sie im Anhang (Seite 197).

Gratisarbeit?

Selbstverständlich dürfen Sie im Betrieb der Partnerin mitarbeiten und nichts dafür verlangen. Die Erfahrung zeigt aber, dass man sich bei einer Trennung eben doch Gedanken über eine Entlöhnung macht. Und dann wird oft darüber gestritten, ob die vielleicht jahrelange Tätigkeit als reiner Liebesdienst zu werten sei oder doch als Arbeit, die zu entschädigen ist.

Arbeitsrecht gilt

In der Lehre und Rechtsprechung war lange strittig, was gelten soll, wenn die Konkubinatspartner nichts vereinbart haben und sich im Nachhinein um eine Entschädigung streiten. Fraglich war, ob Artikel 320 Absatz 2 OR anzuwenden sei. Nach dieser Bestimmung liegt auch ohne schriftlichen Beleg automatisch ein Arbeitsvertrag vor, wenn eine Partei in ihrem Geschäft Arbeit entgegennimmt, deren Leistung nach den Umständen nur gegen Lohn zu erwarten ist.

URTEIL *Bundesgerichtsentscheid 4C.131/2000 vom 4. April 2001: Es ging um eine junge Frau, die jahrelang in der Bäckerei ihres Lebenspartners gearbeitet hatte. Ihre Leistung übertraf den blossen Freundschaftsdienst bei Weitem. Einzelheiten wurden jedoch nie geregelt. Weder wurde ein fester Lohn vereinbart, noch wurde ein solcher jemals ausgezahlt. Als die Beziehung zerbrach, stellte die Frau eine Lohnforderung von über 60 000 Franken. Mit Erfolg: Das Bundesgericht entschied, dass Artikel 320 Absatz 2 OR und damit Arbeitsrecht gelte. Der Ex-Partner berief sich vergeblich darauf, der Lohn sei durch Kost und Logis abgegolten worden. Laut Gericht hatte der gemeinsame Haushalt mit dem Arbeitsverhältnis nichts zu tun und konnte daher nicht als Gegenleistung für die Arbeit gewertet werden.*

Heute bestehen also gute Chancen, auf dem Klageweg im Nachhinein zu Lohnzahlungen zu kommen. Doch Achtung, eine Schranke bleibt: die Verjährungsfrist von fünf Jahren.

ALICE HAT VON DEZEMBER 2017 bis November 2022 im Betrieb ihrer Freundin gearbeitet. Dann zerbricht die Beziehung. Nach langem Hin und Her leitet Alice im Mai 2023 eine Lohnklage ein. Bereits verjährt sind ihre Lohnansprüche von Dezember 2017 bis April 2018. Die Lohnansprüche ab Mai 2018 bleiben gewahrt, weil die Verjährungsfrist durch die Klageeinleitung unterbrochen wurde.

Die Regeln der einfachen Gesellschaft gelten
Anders sieht die Situation aus, wenn ein Paar als gleichgestellte Partner im Betrieb arbeitet. Dann ist zu prüfen, ob die Arbeitsleistungen im Rahmen einer einfachen Gesellschaft erbracht wurden.

URTEIL *BGE 109 II 228: Nach dem Scheitern der Beziehung verlangte eine Frau im Nachhinein eine Entschädigung für ihre Mitarbeit in der Pension ihres Ex-Freunds. Das Bundesgericht qualifizierte die Lebensgemeinschaft des Paares als sehr umfassend. Die beiden waren verlobt und hatten ein gemeinsames Kind. Aus allen Umständen schloss das Gericht, dass sich die gesamte Tätigkeit des Paares nicht nur auf die Befriedigung der Bedürfnisse des gemeinsamen Haushalts beschränkt habe. Vielmehr hätten beide mit dem Engagement in der Pension einen wirtschaftlichen Erfolg ihrer Gemeinschaft erstrebt und gemeinsam auf dieses Ziel hingearbeitet. Deshalb seien die Regeln der einfachen Gesellschaft anwendbar.*

Was aber sind die Konsequenzen, wenn die Regeln der einfachen Gesellschaft gelten? Im Unterschied zum Arbeitsrecht gibt es keinen Lohn für geleistete Dienste. Dafür ist der mitarbeitende Gesellschafter zur Hälfte am Gewinn beteiligt. Dies auch dann, wenn er ausser seiner Arbeitsleistung nichts investiert hat. Im obigen Bundesgerichtsfall ging es um einen Gewinn von über 700 000 Franken!

TIPP *Es lohnt sich, klare Verhältnisse zu schaffen. In den meisten Fällen wird ein **schriftlicher Arbeitsvertrag** die beste Lösung sein* *(siehe Seite 69)*.

Den Partner vertreten

Im Alltag gibt es immer wieder Situationen, in denen es praktisch wäre, wenn die Partnerin ihren Lebensgefährten vertreten könnte – zum Beispiel, weil sie von einem bestimmten Geschäft mehr versteht oder weil er für längere Zeit abwesend ist. Den Partner vertreten bedeutet, in seinem Namen und auf seine Rechnung zu handeln. Wenn eine Person eine andere gültig vertritt, hat das keinerlei Rechtswirkungen auf sie selbst; berechtigt und verpflichtet wird nur der Vertretene.

Für Konkubinatspaare gibt es keine automatische Stellvertretung. Eine Vertretung des anderen ist grundsätzlich nur mit einer entsprechenden Vollmacht möglich. Zwar schreibt das Gesetz mit wenigen Ausnahmen keine schriftliche Urkunde oder gar Beglaubigung vor. In der Praxis kommen Sie aber ohne schriftliche Vollmacht meist nicht weit.

GABRIELA ÜBERTRÄGT IHREM FREUND GREGOR die Verwaltung ihres Wertschriftendepots. Gregor besitzt für ihre Bankkonten entsprechende Vollmachten. Kauft er als Gabrielas Stellvertreter neue Aktien, gehören diese in ihr Depot, und die Bank darf den Kaufpreis nur von ihrem Konto abbuchen. Gregors Konto bei derselben Bank bleibt von diesem Geschäft unberührt.
RICHARD BITTET SEINEN PARTNER KLAUS, für ihn den Porsche aus der Reparatur abzuholen. Weil die Garagistin Klaus nicht kennt und dieser keine schriftliche Vollmacht vorweisen kann, gibt sie ihm das Auto nicht heraus.

Eine Vertretung des Partners ohne Vollmacht ist in zwei Ausnahmefällen möglich: wenn der Vertretene im Nachhinein das Geschäft genehmigt und in Notfällen.

NICO IST IM HIMALAJA auf Klettertour. Seine Freundin Silvia bleibt allein in Nicos Haus in Bern zurück. Bei einem Einbruch wird die Eingangstür demoliert. Silvia lässt sofort einen Schreiner kommen, der die Tür repariert. Nico wird die Schreinerrechnung bezahlen müssen. Denn Silvia hat ihn gemäss den Regeln der Geschäftsführung ohne Auftrag (Art. 419ff. OR) gültig vertreten.

Vollmachten und Vorsorgeauftrag

Es gibt zwei Arten von Vollmachten: Mit einer Generalvollmacht kann der Partner Sie in allen Arten von Rechtsgeschäften vertreten, mit einer Spezialvollmacht nur in den darin ausdrücklich erwähnten, etwa in allen Geschäften im Zusammenhang mit der gemeinsamen Mietwohnung. Im Anhang finden Sie je ein Muster (Seite 197 und 198).

TIPP *Für Post- und Bankkonten verwenden Sie am besten die* ***hauseigenen Formulare,*** *denn diese Institute akzeptieren höchstens in einem Notfall andere Vollmachtsurkunden. Dasselbe gilt für das Abholen von eingeschriebenen Postsendungen.*

Wenn die Vollmacht nicht mehr gelten soll

Ein Widerruf der Vollmacht ist jederzeit möglich. Um zu verhindern, dass der nicht mehr Bevollmächtigte Sie weiter verpflichtet, müssen Sie aber sicherstellen, dass die Geschäftspartner vom Widerruf Kenntnis haben. Bei Vollmachten auf Post- oder Bankkonten geht das einfach mit einer Mitteilung an eine Geschäftsstelle. Haben Sie eine andere Vollmachtsurkunde unterzeichnet, bestehen Sie darauf, dass der Partner sie Ihnen zurückgibt. Allerdings kann man, wenn jemand eine Vollmacht missbraucht, die Rückgabe der Urkunde meist vergessen. Deshalb gilt: Erteilen Sie nicht leichtfertig Vollmachten.

TIPP *Ein guter Schutz gegen Missbrauch:* ***Beschränken Sie Ihre Vollmacht*** *zeitlich – beispielsweise auf ein Jahr – und erneuern Sie sie jeweils bei Bedarf.*

Was gilt im Todesfall?

Eine Vollmacht verliert ihre Gültigkeit automatisch, wenn die Vollmachtgeberin stirbt oder handlungsunfähig wird. Ausnahme: Auf der Vollmachtsurkunde steht das Gegenteil. In Bankvollmachten ist regelmässig vorgesehen, dass die Vollmacht auch beim Verlust der Handlungsfähigkeit oder beim Tod der Kontoinhaberin weiter gilt.

Die Banken zeigen sich allerdings in jüngster Zeit immer restriktiver, selbst wenn in den Kontounterlagen ausdrücklich vermerkt ist, dass die Vollmacht über den Tod hinaus gültig sei. Meist wird das Konto vorsorglich gesperrt, sobald die Bank vom Tod der Kontoinhaberin erfährt, und eine Freigabe ist erst möglich, wenn der Partner einen Erbschein vorweisen kann und das Einverständnis aller darauf als Erben aufgeführten Personen hat. Ein solcher Erbschein wird auf Verlangen von der kantonalen Behörde ausgestellt. Zuständig ist je nach Kanton das Gericht, das Teilungsamt oder eine andere kantonale Behörde am letzten Wohnsitz der verstorbenen Person. Weil die Behörde zuerst die Erbberechtigung klären muss, kann das Konto für mehrere Wochen bis Monate gesperrt bleiben.

TIPP *Soll der überlebende Partner, die Partnerin sofort nach dem Tod Zugriff auf das Bankkonto haben, hilft eine Vollmacht oft nicht weiter. Errichten Sie stattdessen ein* ***gemeinsames Konto*** *(siehe Seite 76) oder setzen Sie sich gegenseitig in Ihren Testamenten als* ***Willensvollstrecker*** *ein (siehe Seite 146).*

Was gilt bei längerer oder dauernder Urteilsunfähigkeit?

Seit dem 1. Januar 2013 sieht das ZGB für die üblichen Alltagsgeschäfte ein gesetzliches Vertretungsrecht des Ehepartners oder der eingetragenen gleichgeschlechtlichen Partnerin vor. Kein solches Recht haben Konkubinatspaare, Kinder oder andere Verwandte. Soll Ihre Partnerin, Ihr Partner bei Urteilsunfähigkeit für Sie amten, braucht es zwingend einen Vorsorgeauftrag. Nur bei der Personensorge ist der Kreis der zur Vertretung befugten Personen erweitert worden (mehr dazu auf Seite 103).

Im Vorsorgeauftrag kann man für eine spätere Urteilsunfähigkeit vorsorgen und eine Vertrauensperson mit der Personensorge und / oder Vermögenssorge und/oder Rechtsvertretung beauftragen. Damit ist sichergestellt, dass der Partner, die Partnerin auch für Sie tätig bleiben kann, wenn Sie länger oder dauernd urteilsunfähig sind.

- **Vermögenssorge:** Sie können Ihre Partnerin, Ihren Partner im Vorsorgeauftrag generell beauftragen oder auch Weisungen erteilen, zum Beispiel, wie das Vermögen und das Einkommen zu verwalten sind.

- Bei der **Personensorge** können Sie Ihrer Vertrauensperson insbesondere das Recht einräumen, pflegerischen und medizinischen Massnahmen zuzustimmen oder diese zu verweigern. Das empfiehlt sich, wenn Sie keine Patientenverfügung verfasst haben. Oder Sie beauftragen Ihren Partner einfach mit dem Vollzug Ihrer Patientenverfügung.
- Bestimmen Sie Ihre Partnerin zusätzlich als Ihre **Vertretung im Rechtsverkehr,** kann sie alle notwendigen Vorkehrungen treffen. Dazu gehört insbesondere, dass sie in Ihrem Namen Verträge eingehen oder auch kündigen kann.

Der Vorsorgeauftrag wird erst wirksam, wenn jemand urteilsunfähig geworden ist. Ob das der Fall ist, muss die örtliche Kindes- und Erwachsenenschutzbehörde (Kesb) entscheiden. Dann händigt sie der beauftragten Person – sofern diese das Mandat annimmt – eine Vollmachtsurkunde aus.

INFO *Bisher haben sich Konkubinatspaare mit einer gewöhnlichen Vollmacht beholfen, die ausdrücklich auch bei Urteilsunfähigkeit gelten sollte. Das Bundesgericht allerdings erachtet solche Vollmachten für Fälle der dauernden Urteilsunfähigkeit als ungültig. Deshalb ist es nötig, zusätzlich zu den bisherigen Vollmachten auch einen* ***Vorsorgeauftrag*** *zu errichten.*

Den Vorsorgeauftrag müssen Sie wie das Testament entweder von Anfang bis Ende selber von Hand schreiben, datieren und unterzeichnen oder öffentlich beurkunden lassen. In den meisten Kantonen ist dafür ein Notar zuständig. Ein Muster finden Sie im Anhang (Seite 199).

Solange Sie urteilfähig sind, können Sie Ihren Vorsorgeauftrag jederzeit wieder aufheben oder abändern. Am besten vernichten Sie die Urkunde. Sie können ihn auch handschriftlich mit Datum und Unterschrift oder mit öffentlicher Urkunde widerrufen. Oder Sie erstellen einen neuen Vorsorgeauftrag und widerrufen darin frühere Anordnungen.

Was tun, wenn nichts vorgekehrt ist?

Zum Glück ein seltenes Szenario: Die Partnerin liegt nach einem schweren Unfall im Koma, der Partner ist nach einem Hirnschlag nicht ansprechbar oder als Rotkreuzhelfer in einem Krisengebiet entführt worden und seither verschollen. Solche Schicksalsschläge sind für sich allein schon schlimm genug. Muss man während der Abwesenheit wichtige Geschäfte für den Partner, die Partnerin erledigen und fehlt eine dafür notwendige Vollmacht, macht das die Situation nicht einfacher. Die richtige Anlaufstelle ist dann die Kesb an Ihrem gemeinsamen Wohnsitz.

Die Kesb kann die fehlende Vollmacht ersetzen, indem sie für die handlungsunfähige Person einen Beistand ernennt, der sie vertreten darf. Als Konkubinatspartnerin können Sie sich für dieses Amt anerbieten. Es liegt aber im Ermessen der Behörde, wen sie letztlich als Vertretung einsetzt. Sobald die Krisensituation behoben und der Partner wieder handlungsfähig ist, endet das Amt des Beistands.

Gemeinsame Konten

Bei Konkubinatspaaren sind im Allgemeinen getrennte Kassen üblich. Ein gemeinsames Konto ist denn auch nur für bestimmte Zwecke sinnvoll: zum Beispiel für die Haushaltskosten oder um sicherzustellen, dass die wirtschaftlich schwächere Seite beim Tod der anderen Zugriff auf dringend benötigte Gelder hat.

MIKE VERUNFALLT IN DEN BERGEN und stirbt. Seine mittellose Freundin Sandra ist plötzlich mit dem fälligen Mietzins für die gemeinsame Wohnung konfrontiert. Sie hat zwar den Mietvertrag nicht mitunterschrieben, haftet also auch nicht für den Mietzins. Trotzdem wird sie die Miete einstweilen zahlen müssen, wenn sie keinen Rausschmiss riskieren will. Nur, woher das Geld nehmen?

Bei der Bank können Konkubinatspaare ein spezielles Gemeinschaftskonto eröffnen, das Konto mit Erbenausschlussklausel. Die auf einem solchen Konto liegenden Vermögenswerte bleiben auch beim Tod des einen Partners verfügbar, egal wer wie viel eingezahlt hat.

TIPP *Mit einem gemeinsamen Konto lässt sich das Erbrecht nicht umgehen. Können Sie nicht mehr nachweisen, wer welche Einlagen getätigt hat, ist ohne anderslautende* ***erbrechtliche Anordnung*** *hälftig zwischen dem überlebenden Partner und den Erben zu teilen.*

Gemeinsames Wohneigentum

Der Erwerb von Wohneigentum ist für die meisten Menschen nicht nur der Traum, sondern auch das Geschäft ihres Lebens. Kaum eine andere Sache erfordert so viel finanzielles und persönliches Engagement. Deshalb ist es auch so wichtig, das Projekt Wohneigentum sorgfältig zu planen und durchzuführen. Für Konkubinatspaare gilt das in besonderem Masse, weil das Gesetz keine griffigen Regeln parat hat, wenn Krisensituationen zu bewältigen sind.

Die folgenden Seiten zeigen Ihnen, worauf Konkubinatspaare beim Kauf eines Eigenheims besonders achten sollten und was Sie für den Fall einer Trennung vorkehren können. Für die Feinabstimmungen sollten Sie einen Finanzberater und eine in Konkubinatsfragen spezialisierte Anwältin hinzuziehen. Das Geld dafür ist gut investiert!

FRAGEN, DIE SIE UNBEDINGT KLÄREN SOLLTEN

- Wo und wie wollen wir wohnen?
- Wie viel Platz brauchen wir heute und in Zukunft?
- Können wir uns ein Eigenheim finanziell leisten? Was ist, wenn wir später Kinder haben und weniger Einkommen hereinkommt?
- Sollen wir selber bauen oder ein fertiges Objekt kaufen?
- Wie sieht die Beteiligung von Partnerin und Partner aus?
- Was gilt im Fall einer Trennung?
- Was müssen wir vorsorgen für den Fall, dass einer von uns invalid wird oder stirbt?

Das richtige Objekt finden

Bevor Sie Ihr Traumheim suchen, sollten Sie je für sich allein die Bedürfnisse und Wünsche klären und Ihre Prioritäten setzen. Für den einen ist das eigene Zimmer oder die grosse Wohnküche unverzichtbar, die andere hält das Cheminée oder die sonnige Terrasse für ein Muss.

Besonders wichtig sind die Lage und die Infrastruktur des Eigenheims. Träumen Sie zum Beispiel davon, Ihr Feierabendbier zu Hause an der Abendsonne zu geniessen, sollte der Balkon oder Sitzplatz nicht schon ab 17 Uhr im Schatten liegen. Wollen oder können Sie sich nicht beide ein eigenes Auto leisten, müssen die Einkaufs- und Freizeitmöglichkeiten zu Fuss oder mit öffentlichen Verkehrsmitteln gut erreichbar sein.

BUCHTIPP
Alle wichtigen Informationen zum Projekt eigene vier Wände finden Sie in diesen zwei Beobachter-Ratgebern: **Der Weg zum Eigenheim. Finanzierung, Kauf, Bau und Unterhalt** sowie **Stockwerkeigentum. Kauf, Finanzierung, Regelungen der Eigentümergemeinschaft.**

Je nach Alter können sich die Anforderungen an das Wohnobjekt auch ändern. Planen Sie Nachwuchs, sind grosse Grünflächen und ein Spielplatz für die Kinder ideal. Älteren Personen sind ein ebenerdiger Zugang, ein Lift oder die Anordnung aller Räume auf einem Geschoss wichtiger als ein grosser, arbeitsintensiver Garten.

Je spezifischer die Wünsche ans Eigenheim sind, desto schwieriger wird es, ein geeignetes bezugsbereites Objekt zu finden. Dann heisst es selber bauen. Damit ist man nicht mehr Käufer, sondern Bauherr. Auf der einen Seite ist es eine tolle Sache, bei der «Geburt» des eigenen Hauses hautnah dabei zu sein. Auf der anderen Seite kommt das Bauherrendasein einem temporären Nebenjob gleich, der über längere Zeit die Freizeit in Anspruch nimmt. Fachleute schätzen, dass die zeitliche Belastung etwa einem Arbeitspensum von 20 Prozent entspricht.

TIPP *Besuchen Sie ein* ***Seminar für den Erwerb von Wohneigentum.*** *Die Hypothekarbanken bieten solche Seminare unverbindlich und kostengünstig an. Auch im Internet finden Sie bei den meisten Banken nützliche Informationen, etwa eine Checkliste für die Objektanalyse und Rechner für die Finanzierung.*

Gemeinsames Eigentum oder Alleineigentum?

Wenn Sie Ihr Eigenheim zusammen mit dem Partner, der Partnerin erwerben, haben Sie daran gemeinschaftliches Eigentum. Das Gesetz unterscheidet zwei Formen: das Mit- und das Gesamteigentum. Die beiden Formen unterscheiden sich in Bezug auf Verkauf und Belastung der einzelnen

Anteile, doch diese Unterschiede haben in der Praxis keine Auswirkungen. In jedem Fall gilt, dass Sie beide mit dem Wiederverkauf der ganzen Liegenschaft einverstanden sein müssen.

Bei Liegenschaften im Miteigentum werden die Eigentumsquoten der Miteigentümer im Grundbuch vermerkt, beim Gesamteigentum ist das nicht möglich. Erwerben Sie Ihr Eigenheim im Gesamteigentum, sollten Sie deshalb die Anteile unbedingt in einem separaten Gesellschaftsvertrag festhalten. Bei beiden Formen von gemeinsamem Eigentum verlangen die Banken in der Regel eine Solidarhaftung der Partner (siehe Seite 16). Dies auch dann, wenn die Eigentumsquoten ungleich verteilt sind.

TIPP *Der Eigenmietwert und die Schuldzinsen werden auf der* ***Basis der Eigentumsquoten*** *gemäss Grundbucheintrag auf die Steuererklärungen des Partners und der Partnerin verteilt.*

Miteigentum, der häufigere Fall

Will ein Konkubinatspaar die Liegenschaft mit Mitteln aus der Pensionskasse oder der Säule 3a finanzieren, gibt es – anders als bei Ehepaaren – keine Wahl. Das Gesetz erlaubt nur Miteigentum.

Die Miteigentumsquoten lassen sich immerhin beliebig auf den Partner und die Partnerin verteilen. Am besten tun Sie dies entsprechend der finanziellen Beteiligung. Manchmal wollen Paare dies nicht, sondern lassen die Liegenschaft beispielsweise je hälftig zu Miteigentum im Grundbuch eintragen, obwohl sie tatsächlich im Verhältnis 70:30 finanziert wurde. In einem solchen Fall sollten Sie die Verhältnisse untereinander klar regeln. Ist keine Schenkung gewollt, können Sie die Differenz in einem schriftlichen Darlehensvertrag dokumentieren. Das schafft klare Verhältnisse für den Fall einer Trennung oder wenn mit Erben abzurechnen ist.

Beteiligung ja, gemeinsames Eigentum nein

Ist nur ein Partner als Eigentümer im Grundbuch eingetragen, hat der andere keine Mitbestimmungsrechte. Der Alleineigentümer hat das letzte Wort, wenn es zum Beispiel darum geht, Sonnenkollektoren auf dem Dach zu montieren, die Hypothek aufzustocken oder das Haus zu verkaufen. Das entspricht oft nicht den romantischen Vorstellungen des Paares. Anderen dagegen ist es mit einer strikten Gütertrennung wohler. Was besser zu Ihnen passt, müssen Sie selber herausfinden.

Entscheiden Sie sich für die Variante Alleineigentum, kann sich der andere Partner trotzdem finanziell engagieren – zum Beispiel mit einem privaten Darlehen (siehe unten stehenden Kasten). Wie das Bankdarlehen kann dieses mit einem Schuldbrief gesichert werden.

Fehlen einem von Ihnen die Eigenmittel für eine Mitfinanzierung oder ein Darlehen, kann er oder sie sich auch mit Mietzinszahlungen am Eigenheim beteiligen oder die laufenden Wohnkosten übernehmen.

DARLEHENSVERTRAG

Renata C. kauft die Liegenschaft an der Himmerstrasse 7 in 8400 Winterthur und lässt sich als Alleineigentümerin im Grundbuch eintragen.

Kaspar D. gewährt Renata für den Kauf der Liegenschaft ein Darlehen in der Höhe von 70 000 Franken. Das Darlehen ist mit 1,5 Prozent zu verzinsen. Die Zinszahlungen werden jeweils per 31. Mai fällig, erstmals am 31. Mai 2025. Das Darlehen ist unkündbar. Es ist aber in jährlichen Raten von 7000 Franken zurückzuzahlen. Die erste Rate ist am 31. Dezember 2026 fällig.

Als Sicherheit erhält Kaspar von Renata einen Inhaberschuldbrief im zweiten Rang in der Höhe von 70 000 Franken.

Winterthur, 20. April 2023

Renata C. Kaspar D.

Egal für welche Variante von Eigentum Sie sich entscheiden, um vertragliche Abmachungen kommen Sie nicht herum. Klären Sie unbedingt die folgenden Punkte und halten Sie sie schriftlich fest: Wer beteiligt sich mit welchen Mitteln am Eigenkapital? Wer kommt in welchem Ausmass für die Hypothekarzinsen, die Amortisation und die Nebenkosten auf?

Regeln für die Trennung

Auch wenn Sie beim Hauskauf ganz anderes im Kopf haben: Treffen Sie von Anfang an eine klare Vereinbarung für den Fall, dass es zur Trennung kommt. Diesen Fragen sollten Sie sich stellen:

- Verkaufen wir das Eigenheim an eine Drittperson oder übernimmt es der Partner bzw. die Partnerin?
- Wie wird der Gewinn oder Verlust aus dem Hausverkauf verteilt?

STICHWORT SCHULDBRIEF
Weil man die Liegenschaft nicht selber als Sicherheit für ein Darlehen übergeben kann, gibt es die Möglichkeit, das Grundstück sozusagen durch ein Dokument zu ersetzen: durch einen Schuldbrief. Jeder Schuldbrief hat einen Rang, der im Grundbuch festgehalten ist. Wer einen Schuldbrief im ersten Rang besitzt, steht bei einer allfälligen Zwangsverwertung an erster Stelle, kommt also am ehesten zu seinem Geld. Der erste Rang ist allerdings in der Regel von der Hypothekarbank besetzt; private Schuldbriefe stehen meist im zweiten Rang.

- Welche Seite hat das Vorrecht, wenn beide das Eigenheim behalten wollen?
- Wie soll der oder die andere ausgezahlt werden?

Wenn Sie nichts vorkehren, werden im Streitfall die gesetzlichen Regeln der einfachen Gesellschaft herangezogen. Das bedeutet im schlimmsten Fall einen Verkauf Ihres Eigenheims durch öffentliche Versteigerung und die hälftige Aufteilung von Gewinn oder Verlust – auch wenn Ihre Investitionen unterschiedlich hoch waren (siehe Seite 174). Mit einem Gesellschaftsvertrag schaffen Sie klare Verhältnisse und mindern das Konfliktpotenzial. Hier einige Vorschläge, was Sie darin regeln könnten:

- Halten Sie die Anteile am Eigenkapital fest und auch die Aufteilung späterer Investitionen, etwa bei einer Renovation.
- Wenn die Anteile von Partner und Partnerin am Eigenkapital nicht gleich gross sind oder sich im Lauf der Partnerschaft verändern, legen Sie fest, wie der Gewinn oder Verlust geteilt werden soll.
- Mögliche Regeln für den Fall, dass beide die Liegenschaft übernehmen möchten: Den Zuschlag erhält diejenige Seite, die den höheren Preis bietet. Oder: Sie lassen das Los entscheiden.
- Bei Gesamteigentum können Sie festhalten, dass beim Tod einer Seite ihr Anteil direkt an den Lebenspartner fällt. Dank einer solchen Anwachsungsklausel braucht es keine Änderung im Grundbuch. Allfällige Pflichtteilserben können Sie mit einer Geldzahlung abfinden.

TIPP *Übernimmt ein Konkubinatspartner vom anderen dessen Anteil, kann eine* ***Grundstückgewinn- und Handänderungssteuer*** *anfallen. Das sollten Sie beim Festlegen des Übernahmepreises berücksichtigen.*

Steuern

Alle Jahre wieder kommt die Steuererklärung ins Haus. Der Bund besteuert bei Privatpersonen nur das Einkommen, Kantone und Gemeinden besteuern auch das Vermögen. Die Vermögenssteuer ist aber in allen Kantonen sehr moderat und wird erst ab einem recht hohen Freibetrag erhoben.

Daneben sind Private gelegentlich auch mit kantonalen Erbschafts- und Schenkungssteuern konfrontiert (der Bund besteuert weder Erbschaften noch Schenkungen). Von den Kantonen kennt als einziger Schwyz gar keine Erbschafts- und Schenkungssteuern. In den anderen Kantonen wurden diese Steuern für Ehepartner ganz und für Nachkommen mehrheitlich abgeschafft.

Getrennte Veranlagung im Konkubinat

Ein Grund, warum viele Konkubinatspaare nicht heiraten, sind die Einkommenssteuern. Lebenspartnerschaften werden vom Steuerrecht nicht als eigene Kategorie erfasst. Jede Seite wird getrennt als alleinstehend besteuert. Für Eheleute ist das noch anders: Sie werden gemeinsam als Familie taxiert, die Einkommen zusammengezählt. Da die Steuergesetze bei höheren Einkommen höhere Tarife kennen – die sogenannte Steuerprogression – zahlen gut verdienende Ehepaare mehr Steuern als ein Konkubinatspaar mit gleich hohem Haushaltseinkommen.

Das Bundesgericht hat schon im vergangenen Jahrtausend festgehalten, dass diese Ungleichbehandlung gegen die Bundesverfassung verstösst. Es hat es aber dem Gesetzgeber überlassen, die Steuergesetze entsprechend zu ändern. Gestritten wird vor allem darüber, ob Eheleute ebenfalls getrennt zu veranlagen sind oder ob nur ein Teil des gemeinsamen Einkommens besteuert werden soll (Teilsplitting). Als erste Massnahme hat der Bundesrat die Ansätze für Ehepaare per 1. Januar 2008 gemildert. Eine Gleichbehandlung mit Konkubinatspaaren wurde damit aber nicht vollständig erreicht. Die Politiker arbeiten noch daran.

Entgeltliche Leistungen des Partners sind zu versteuern
Zahlt die Konkubinatspartnerin ihrem Liebsten einen Lohn für seine Arbeit im gemeinsamen Haushalt oder arbeitet er gegen Entgelt in ihrem Geschäft mit, muss er dieses Einkommen in seiner jährlichen Steuererklärung deklarieren. Die Partnerin muss ihm einen Lohnausweis ausfüllen – das Formular ist jeweils der Steuererklärung beigelegt. Alle entgeltlichen Leistungen sind zu versteuern. Nicht dazu gehören Naturalleistungen für die Führung des gemeinsamen Haushalts.

Erbschafts- und Schenkungssteuern

Die meisten kantonalen Steuergesetze unterscheiden nicht zwischen Erbschaften und Schenkungen zu Lebzeiten. Ob und in welcher Höhe Sie für eine Erbschaft oder eine Schenkung Steuern zahlen müssen, bestimmt sich nach den Gesetzen des letzten Wohnsitzkantons der verstorbenen Person oder des Schenkers. Bei Liegenschaften gelten die Gesetze an deren Standort.

Eheleute müssen keine Erbschaftssteuern zahlen, wenn der Gatte oder die Gattin stirbt. Ganz anders sieht es für Konkubinatspaare aus. Erbt der überlebende Partner oder die Partnerin, verlangen alle Kantone mit Ausnahme von Graubünden, Uri, Zug, Nidwalden, Obwalden und Schwyz eine Abgabe. In den anderen Kantonen müssen im Durchschnitt 30 Prozent der geerbten Summe an den Staat abgeliefert werden.

4

Spezielle Lebenssituationen meistern

In diesem Kapitel erfahren Sie, was gilt, wenn einer von Ihnen noch verheiratet ist, welchen Einfluss das Konkubinat auf die Alimente der geschiedenen Partnerin, auf Schulden der Partner und auf Sozialhilfeleistungen hat. Zudem finden Sie Anregungen, was Sie tun können, wenn der Partner – oder die Beziehung – ernsthaft erkrankt, und wie Sie sich vor Gewalt in der Partnerschaft schützen.

Verheirateter Partner, geschiedene Partnerin

Im Konkubinat leben nicht nur junge Menschen in ihrer ersten Beziehung. Sondern beispielsweise auch ein (noch) verheirateter Mann, der sich von seiner Frau getrennt hat und warten muss, bis er die Scheidungsklage einreichen kann. Oder eine geschiedene Frau – vielleicht mit einem Kind aus der früheren Beziehung –, die einen neuen Partner gefunden hat. In beiden Situationen stellen sich besondere Probleme.

Konkubinat und Noch-Ehe

Solange ein Partner noch verheiratet ist, darf er seine neue Liebe nicht heiraten. Verweigert die Noch-Ehegattin eine sofortige Scheidung, kann er die Scheidungsklage erst nach Ablauf einer zweijährigen Trennungsfrist einreichen. Bis dann ein rechtskräftiges Scheidungsurteil vorliegt, können Monate oder schlimmstenfalls Jahre vergehen, je nachdem, wie erbittert um die Kinderzuteilung oder den Unterhalt gestritten wird. Die meisten Paare können warten oder wollen gar nicht heiraten. Ist die neue Partnerin jedoch Ausländerin und kommt aus einem Land ausserhalb des EU-/EFTA-Raums, ist eine Aufenthaltsbewilligung oft nur über die Heirat mit dem Schweizer Partner möglich.

INFO *Wer meint, er könne das Verbot durch eine Heirat im Ausland umgehen, sei gewarnt: In der Schweiz droht eine* ***Freiheits- oder Geldstrafe*** *wegen Bigamie!*

Was gilt für Unterhaltszahlungen?

Ehebruch ist nicht mehr strafbar und auch kein Scheidungsgrund mehr. Lebt eine verheiratete Person im Konkubinat, kann dies aber Auswirkungen auf die Alimente haben, die sie von ihrem Noch-Ehegatten erhält. Das Gesetz sagt nicht, welchen Einfluss eine neue Lebensgemeinschaft auf den Unterhaltsanspruch hat. Laut Bundesgericht ist jeder Einzelfall gesondert zu prüfen. In BGE 138 III 97 hat es dafür folgende Kriterien aufgestellt:

- Steht fest, dass der neue Lebenspartner seine noch verheiratete Partnerin vollumfänglich unterstützt, fällt ihr Unterhaltsanspruch weg oder wird entsprechend der Unterstützung gekürzt. Zu einer solchen Unterstützung sind Konkubinatspartner jedoch rechtlich nicht verpflichtet.
- In der Regel beeinflusst das Konkubinat erst die Höhe der Alimente. Bei der Berechnung wird die Kostenersparnis berücksichtigt, die durch das Zusammenleben entsteht. Wer in einer Wohngemeinschaft lebt, muss damit rechnen, dass nur die Hälfte der Wohnkosten und eine reduzierte Pauschale für die allgemeinen Lebenskosten zwischen 850 und 1100 Franken berücksichtigt werden. Für einen unterhaltspflichtigen Noch-Ehegatten, der im Konkubinat lebt, bedeutet das tendenziell höhere Alimentenzahlungen. Und umgekehrt erhält die unterhaltsberechtigte Frau weniger Geld, wenn sie mit einem neuen Partner zusammenwohnt (Bundesgerichtsentscheid 5P.485/2006 vom 20. Juni 2007).
- Liegt bereits ein qualifiziertes bzw. gefestigtes Konkubinat vor, fällt der Unterhaltsanspruch weg. Entscheidend ist dabei, ob die unterhaltsberechtigte Person mit ihrem neuen Partner eine so enge Lebensgemeinschaft bildet, dass dieser bereit ist, ihr Beistand und Unterstützung zu leisten, wie es das Eherecht von Eheleuten fordert. Ob die Partner über die dazu notwendigen finanziellen Mittel überhaupt verfügen, ist unerheblich.

Es kann also vorkommen, dass das Gericht die Unterhaltsforderung einer im Konkubinat lebenden Noch-Ehefrau abweist. So geschehen bei einer Frau, die von ihrem neuen Lebenspartner schwanger war. Im oben erwähnten BGE 138 III 97 hat das Bundesgericht dagegen lediglich die Kostenersparnis berücksichtigt, obwohl die noch verheiratete Frau dem neuen Partner ein offenbar nicht geplantes Kind geboren hatte. Im Urteil des Bundesgerichts 5A_593/2013 vom 20. Dezember 2013 reichte schon ein dreijähriges Konkubinat der Noch-Ehefrau für eine einstweilige Einstellung der Trennungsalimente.

Eigenmacht verboten

Zieht eine noch verheiratete Frau erst nach der Festlegung des Trennungsunterhalts mit einem neuen Partner zusammen, darf der Ehegatte die Alimentenzahlung nicht eigenmächtig einstellen. Können sich die Beteiligten nicht einigen, kann nur das Gericht die Unterhaltsbeiträge anpassen. Laut Gesetz ist eine Anpassung möglich bei einer wesentlichen Veränderung der Verhältnisse, die von gewisser Dauer ist. Um gerichtliche Auseinandersetzungen zu vermeiden, ist es ratsam, in die Trennungsvereinbarung eine Konkubinatsklausel aufzunehmen (siehe unten stehenden Kasten).

INFO *Auf die **Unterhaltsbeiträge** für die Kinder hat eine neue Partnerschaft der Eltern keinen Einfluss.*

KONKUBINATSKLAUSELN BEI TRENNUNG

Zugunsten des Zahlungspflichtigen
Lebt Franziska P. mit einem neuen Partner länger als sechs Monate in einer Wohngemeinschaft zusammen, reduzieren sich die Unterhaltsbeiträge um die Hälfte, solange die Wohngemeinschaft andauert.

Zulasten des Zahlungspflichtigen
Lebt Jonas P. mit einer neuen Partnerin länger als sechs Monate in einer Wohngemeinschaft zusammen, erhöhen sich die Unterhaltsbeiträge um 300 Franken solange die Wohngemeinschaft andauert.

Konkubinat und Scheidungsalimente

Geschiedene Frauen und Männer, die Alimente erhalten, verlieren diese, wenn sie wieder heiraten (Art. 130 Abs. 2 ZGB). Was aber mit den Scheidungsalimenten passiert, wenn die unterhaltsberechtigte Seite in einem Konkubinat lebt, sagt das Gesetz nicht. Deshalb müssen sich die Gerichte immer wieder mit diesem Thema beschäftigen.

In Lehre und Rechtsprechung ist man sich einig, dass ein Verlust des Scheidungsunterhalts erst möglich ist, wenn die geschiedene Person in einem gefestigten Konkubinat bzw. in einer eheähnlichen Gemeinschaft lebt. Nicht einheitlich ist jedoch, was im Einzelfall als gefestigtes Konkubinat beurteilt wird.

Vorsorgen mit einer Konkubinatsklausel

Prozesse um die Abänderung oder Aufhebung von Scheidungsalimenten sind riskant und unangenehm. Wer mag schon der Ex-Partnerin hinterherschnüffeln und Beweise für eine «Tisch- und Bettgemeinschaft» suchen? Mit einer Konkubinatsklausel in der Scheidungsvereinbarung lässt sich solcher Streit vermeiden. Denn darin bestimmen die Scheidungsleute im Voraus selber, welchen Einfluss eine neue Lebensgemeinschaft auf die Alimente haben soll (siehe unten stehenden Kasten).

Eine solche Klausel hat für beide Seiten Vorteile: Die zahlungspflichtige Seite kann ohne umfangreiche Abklärungen und ohne Abänderungsprozess seine Zahlungen nach einer gewissen Zeit reduzieren oder ganz einstellen. Und die unterhaltsberechtigte Seite hat die Sicherheit, dass sie ihre Alimente wieder erhält, wenn sich die neue Partnerschaft nicht bewährt.

Ohne Klausel: Abänderungsprozess

Wenn im Scheidungsurteil keine Konkubinatsklausel vorhanden ist, darf der zahlungspflichtige Gatte die Alimente nicht eigenmächtig kürzen oder einstellen. Kann er sich mit seiner Ex-Frau nicht einigen, muss er eine Abänderungsklage einreichen und beweisen, dass sie in einem gefestigten Konkubinat lebt.

Die Kriterien dafür hat das Bundesgericht schon vor längerer Zeit festgehalten und auch in neueren Entscheiden immer wieder bestätigt: «Unter einem gefestigten Konkubinat versteht die Rechtsprechung eine auf längere Zeit, wenn nicht auf Dauer angelegte, umfassende Lebensgemeinschaft zweier Personen unterschiedlichen Geschlechts mit grundsätzlichem Ausschliesslichkeitscharakter, die sowohl eine geistig-seelische als

KONKUBINATSKLAUSEL BEI SCHEIDUNG

Lebt Margrit K. länger als acht Monate mit einer Partnerin oder einem Partner in derselben Wohnung, reduzieren sich die Unterhaltsbeiträge ab dem Ersten des neunten Monats um 500 Franken. Dauert die Wohngemeinschaft länger als drei Jahre, sind die Unterhaltsbeiträge ab dem Ersten des 37. Monats für die weitere Dauer des Zusammenlebens nicht mehr geschuldet. Sollte die Wohngemeinschaft beendet werden, sind die im Scheidungsurteil festgelegten Alimente wieder in vollem Umfang zu zahlen. Die Zahlungspflicht tritt ab dem Ersten des Monats in Kraft, der auf den Trennungsmonat folgt.

auch eine wirtschaftliche Komponente aufweist. Verkürzt wird dies etwa auch als Wohn-, Tisch- und Bettgemeinschaft bezeichnet.» (Entscheid 5P.135/2005)

Ob eine Lebensgemeinschaft ein gefestigtes Konkubinat nach den Kriterien des Bundesgerichts ist, müssen die Gerichte in jedem Einzelfall anhand aller Lebensumstände prüfen. Kein stabiles Konkubinat liegt vor, wenn das Paar nicht zusammenlebt. Daran ändern auch gelegentliche Übernachtungen beim Partner oder sogar gemeinsame Kinder nichts. Tricks funktionieren übrigens nicht! Lebt das Paar tatsächlich in derselben Wohnung zusammen, helfen folgende Alibimassnahmen nicht weiter:

- Schriften am alten Wohnort belassen
- auswärts ein Zimmer mieten
- die alte Wohnung behalten, ohne darin zu leben

Was ist ein stabiles Konkubinat?

Wegweisend ist der noch unter altem Scheidungsrecht ergangene Bundesgerichtsentscheid BGE 114 II 295: Darin entschied das Gericht, dass es rechtsmissbräuchlich sei, nach einem fünfjährigen Konkubinat weiter auf dem Scheidungsunterhalt zu bestehen. Der Ex-Ehemann musste die Alimente nicht länger zahlen.

Das heisst nun aber nicht, dass jede geschiedene Frau, jeder geschiedene Mann nach fünf Jahren Konkubinat automatisch den Scheidungsunterhalt verliert. Es bedeutet auch nicht, dass der Verlust der Alimente frühestens nach fünf Jahren möglich ist. Die grosse Bedeutung dieses Bundesgerichtsurteils liegt in der Umkehrung der Beweislast: Nach fünfjährigem Zusammenleben muss nicht mehr der Ex-Gatte, der auf Aufhebung der Alimente klagt, seinen Standpunkt beweisen, sondern die beklagte Partei. Sie muss das Gericht davon überzeugen, dass kein stabiles Konkubinat vorliegt. Gelingt ihr das nicht, werden die Unterhaltszahlungen aufgehoben.

Sistierung der Unterhaltsansprüche

Seit dem 1. Januar 2000 können Alimente nicht nur reduziert oder aufgehoben werden. Das Gericht kann auch bestimmen, dass die Unterhaltsbeiträge nur eingestellt werden, solange das Konkubinat besteht, aber wieder in vollem Umfang zu zahlen sind, wenn die neue Partnerschaft scheitert. Was bedeutet das für Sie?

Im Entscheid 5C.296/2001 verfügte das Bundesgericht die Sistierung der Unterhaltsbeiträge schon nach nur drei Jahren Zusammenleben. Die Anforderungen an die Qualität des Konkubinats, so das Gericht, seien für eine Sistierung nicht so hoch wie für die Aufhebung der Alimente. Diese Auffassung stösst allerdings in der Rechtslehre und bei unteren Gerichten nicht überall auf Zustimmung. Umstritten bleibt, ob die Hürde für eine Abänderung der Alimente wegen Konkubinats heute höher oder tiefer liegen soll als bisher. Tendenziell verfügt das Bundesgericht eher eine Sistierung als einen unwiderruflichen Wegfall der Alimente, und es geht dabei auch unter die Fünfjahresgrenze. Keine Rolle spielt, ob der neue Partner finanziell überhaupt in der Lage ist, eine Unterstützung zu leisten (BGE 138 III 97; Urteil 5A_593/2013 vom 20. Dezember 2013). Laut einem Entscheid des Bundesgerichts von 2016 verliert der Ex-Gatte seine Alimente definitiv, wenn ein qualifiziertes Konkubinat vorliegt. In diesem Fall hatte das Paar bereits fünf Jahre zusammengelebt und gemeinsam eine Liegenschaft gekauft (Urteil 5A_373/2015 vom 2. Juni 2016).

TIPP *Solcher Rechtsunsicherheit sollten Sie sich nicht aussetzen. Sorgen Sie deshalb unbedingt dafür, dass Ihr Scheidungsurteil* ***eine für beide Seiten faire Konkubinatsklausel*** *enthält. Ohne Konkubinatsklausel kann es in folgenden Fällen heikel werden:*
- *wenn Sie mit Ihrem neuen Lebenspartner ein gemeinsames Kind haben*
- *wenn Sie länger als drei Jahre mit Ihrem Partner zusammenleben*
- *wenn Sie und Ihre Partnerin gemeinsam Wohneigentum erwerben*

Der Ex zahlt die Alimente nicht

Dass die dringend benötigten Alimente nie eintreffen, ist nach der Erfahrung des Beobachter-Beratungszentrums ein grosses Problem für viele Betroffene. Zum Glück gibt es als letztes Auffangnetz die Sozialhilfe. Die Betroffenen allerdings empfinden den Gang zum Sozialamt oft als demütigend und können nicht verstehen, dass die vom Gericht zugesprochenen Alimente von niemandem gezahlt werden. Der Ärger ist verständlich, gerade wenn ein langer, zermürbender Kampf um die Alimente voranging. Zudem muss man Sozialhilfe in der Regel zurückzahlen, wenn sich die finanzielle Lage verbessert.

Eine grosse Hilfe in dieser ungemütlichen Situation sind das staatliche Alimenteninkasso und die je nach Kanton mehr oder weniger grosszügige Bevorschussung von Alimenten.

Alimenteninkasso – meist sehr effizient

Die Kindes- und Erwachsenenschutzbehörde (Kesb), das Jugendsekretariat oder eine andere kommunale Stelle an Ihrem Wohnsitz hilft Ihnen beim Eintreiben der Alimente. Die amtlichen Stellen mahnen den säumigen Zahler, suchen bei Zahlungsschwierigkeiten nach gangbaren Lösungen und können die Ausstände wenn nötig auch über das Betreibungsamt eintreiben lassen. Erfahrungsgemäss ist dies einiges erfolgreicher, als wenn die Ex-Eheleute miteinander streiten. Bei Kinderalimenten ist diese Dienstleistung kostenlos; geht es um Frauen- und Männeralimente, verlangen einzelne Kantone eine Gebühr. Auch die Betreibungs- und Gerichtskosten muss man meist vorschiessen.

Alimentenbevorschussung

Nicht immer ist beim Ex-Gatten etwas zu holen. Dann zahlt die Gemeinde die festgelegten Alimente aus der Staatskasse und fordert die bevorschussten Beträge in eigenem Namen vom Schuldner zurück. Das Verlustrisiko trägt die Gemeinde. Was sie beim Schuldner nicht eintreiben kann, wird – anders als bei der Sozialhilfe – nicht zurückgefordert.

Die Alimentenbevorschussung ist nicht einheitlich geregelt. Kinderalimente werden in allen Kantonen bevorschusst, Ehegattenalimente nur in den Kantonen Freiburg, Genf, Jura, Neuenburg, Waadt, Wallis und Zug. Meist ist die Bevorschussung in der Höhe begrenzt, zum Beispiel auf den Betrag der maximalen einfachen Waisenrente von 980 Franken (Stand 2023). Zudem ist sie in vielen Kantonen abhängig von den Einkommens- und Vermögensverhältnissen des betreuenden Elternteils. Hat dieser wieder geheiratet, werden auch die Finanzen des neuen Ehemanns, der neuen Ehefrau berücksichtigt.

Die Kantone dürfen auch Einkommen und Vermögen eines Konkubinatspartners miteinbeziehen. In der Praxis kann es allerdings für die Behörde schwierig werden, an die entsprechenden Zahlen zu kommen. Denn anders als ein neuer Ehemann ist der Lebenspartner nicht verpflichtet, seine finanziellen Verhältnisse offenzulegen. Elegant hat der Kanton Schaffhausen dieses Problem gelöst: Bei einer Mutter, die noch nicht in einem stabilen Konkubinat, sondern erst in einer «Wohn- und Wirtschaftsgemeinschaft» lebt, wird die Einkommensgrenze einfach um gut 16 000 Franken tiefer angesetzt, als wenn sie allein leben würde.

ELENA ARBEITET TEILZEIT und hat ein Jahreseinkommen von 42 900 Franken (13 × 3300 Franken). Wenn sie mit ihrer neuen Liebe Martina zusammenzieht, liegt sie über der zulässigen Einkommensgrenze für eine Bevorschussung in Schaffhausen. Konsequenz: Die Alimente von Tochter Maya werden nicht mehr bevorschusst.

TIPP *Alimente, die bereits fällig waren, bevor Sie Ihr Gesuch einreichen, werden nicht bevorschusst. Gehen Sie deshalb* ***sofort aufs Amt,*** *wenn die Alimente nicht eintreffen.*

Weitere Massnahmen

Ausstehende Alimente lassen sich auch auf dem **Betreibungsweg** eintreiben. Zuständig ist das Betreibungsamt am Wohnsitz des Alimentenschuldners. Wenn Sie – mit Ihrem Scheidungs- oder Trennungsurteil – nachweisen, dass die Alimente geschuldet sind, erhalten Sie dort Auskunft, ob sich eine Betreibung lohnt, und der Betreibungsbeamte hilft Ihnen wenn nötig beim Ausfüllen des Formulars. Sind Alimente im Ausland einzutreiben, können Sie sich an den Internationalen Sozialdienst und die kantonale Empfangs- und Ermittlungsstelle der Zentralbehörde Internationale Alimentensachen des Bundesamts für Justiz wenden (Adressen im Anhang).

Gehen die Alimente nicht, nur teilweise oder immer verspätet ein, obwohl der unterhaltsverpflichtete Elternteil zahlen könnte, ist eine **Anweisung an die Schuldner** möglich. Dann verpflichtet das Gericht die Schuldner des säumigen Zahlers, in erster Linie die Arbeitgeberin, die Alimente ganz oder teilweise vom Lohn abzuziehen und direkt an die Gläubigerin auszuzahlen. Zuständig ist der Zivilrichter am Wohnort der Gläubigerin oder des Zahlungspflichtigen. Hat der Schuldner keine solchen Einkünfte, dafür aber Vermögen in der Schweiz, kann ein Arrest auf das Bankkonto, auf andere Wertgegenstände oder auf das Unternehmen das geeignete Inkassomittel sein. Sind solche Vorkehrungen nötig, sollten Sie sich aber anwaltlich vertreten lassen.

Wer Alimente nicht zahlt, obschon er über die Mittel dazu verfügt oder verfügen könnte, kann auf Antrag mit Freiheits- oder Geldstrafe bestraft werden (Art. 217 StGB). Diesen Antrag stellen kann der bezugsberechtigte Elternteil, das volljährige Kind oder auch die amtliche Alimenteninkasso- oder Bevorschussungsstelle. Auf diesem Weg kommt zwar kein Geld herein, doch kann sich eine **Strafanzeige** förderlich auf die Zahlungsmoral auswirken. Tritt Besserung ein und ist noch kein Strafurteil gesprochen, lässt sich das Verfahren jederzeit mit einem Rückzug des Strafantrags stoppen.

TIPP *Drohen Sie dem Alimentenschuldner nicht mit einer Strafanzeige! Das wäre strafbar. Der* ***Hinweis auf das Gesetz*** *dagegen ist ungefährlich.*

Familienzulagen und Kinderrenten

Familienzulagen muss der zu Unterhaltszahlungen verpflichtete Elternteil zusätzlich zu den Kinderalimenten überweisen. So sagt es das Gesetz; in seltenen Fällen kann das Scheidungsurteil etwas anderes vorsehen.

Erhält der unterhaltspflichtige Elternteil eine IV- oder AHV-Rente, werden ihm auch Zusatzrenten für seine Kinder ausgezahlt. Das sind maximal 980 Franken pro Kind unter 18 bzw. unter 25, wenn es noch in Ausbildung steht (Stand 2023). Auch aus der Pensionskasse können Kinderrenten ausgezahlt werden. Müssen diese Beträge zusätzlich zu den Kinderalimenten überwiesen werden? Das kommt drauf an: Hat der unterhaltspflichtige Elternteil sie schon bei der Scheidung bezogen, muss er sie zusätzlich zum Unterhaltsbeitrag zahlen. Kann er dagegen erst nach der Festlegung der Kinderalimente solche Sozialversicherungsleistungen beziehen, muss er sie ans Kind weiterleiten, und die Alimente reduzieren sich um diesen Betrag.

PATRICK MUSS FÜR SEINEN SOHN NOAH laut Scheidungsurteil 1000 Franken zahlen. Ein Jahr nach der Scheidung erhält er eine IV-Rente. Die Kinderrente für Noah beträgt 663 Franken. Patrick muss diesen Betrag an Noah weiterleiten und zahlt aus dem eigenen Sack nur noch 337 Franken Kinderalimente.

TIPP *Kommt die Ex-Partnerin ihrer Pflicht zum Bezug oder zur Weiterleitung der Familienzulagen nicht nach, können Sie bei der* ***kantonalen Familienausgleichskasse*** *an ihrem Arbeitsort beantragen, dass diese direkt an Sie ausgezahlt werden. Werden Kinderrenten nicht weitergeleitet, verlangen Sie bei der Auszahlungsstelle die direkte Überweisung.*

Schulden und finanzielle Not

Ein Schuldenberg kann rasch entstehen. Der Abbau dagegen ist langwierig und mühsam. Schulden können auch die Beziehung belasten. Den Kopf in den Sand zu stecken oder einfach den Partner anzupumpen, sind keine tauglichen Mittel zur nachhaltigen Verbesserung der Situation.

Klüger ist es, die Lage ehrlich einzugestehen und eine Schuldensanierung in die Wege zu leiten. Dazu braucht es eine umfassende Übersicht über das Ausmass der Schulden, eine realistische Budgetplanung und vor allem Ausgabendisziplin. Wird die finanzielle Notlage immer bedrückender, sollte man sich auch nicht scheuen, beim Sozialamt anzuklopfen.

Schulden beim Partner

Schulden beim Partner, bei der Partnerin entstehen täglich und führen zum Glück nur selten zu Problemen. Kauft sie die Kinokarten, zahlt er ihr seinen Anteil meist sofort oder übernimmt dafür die Bratwurst und das Bier vor dem Kinobesuch (juristisch: Verrechnung). Und manchmal heisst es: Du bist eingeladen (juristisch: Schulderlass). Probleme entstehen dann, wenn die Partnerin ihre Schulden nicht bezahlen kann oder will. Dazu zwei banale Weisheiten:

- Wo nichts ist, ist nichts zu holen.
- Recht haben und zu seinem Recht kommen ist nicht dasselbe.

Wenn die Partnerin nicht zahlen will oder kann
Anders als in der Ehe gelten im Konkubinat keine Sonderbestimmungen: Die Schuldnerin kann nicht verlangen, dass ihr besondere Zahlungsfristen eingeäumt werden. Der Gläubiger wiederum profitiert nicht von einem Verjährungsstopp während des Konkubinats. Droht eine Forderung zu verjähren, muss die Verjährung unterbrochen werden. Dann fängt die Verjährungsfrist wieder von vorn an zu laufen. Geeignete Mittel sind: eine schriftliche Schuldanerkennung der Partnerin, eine Betreibung oder eine Klage bei Gericht.

TIPP *Die meisten Forderungen **verjähren nach zehn Jahren,** einige andere – zum Beispiel die Lohnforderung des Arbeitnehmers, Forderungen für Mietzinse und handwerkliche Arbeiten – aber schon **nach fünf Jahren.** Am besten klären Sie vor Ablauf von fünf Jahren ab, ob schon Unterbrechungsmassnahmen nötig sind.*

Hat die Partnerin, der Partner kein Geld, um die Schuld zu begleichen, führt allerdings auch eine Betreibung nicht zum Erfolg. Holen Sie, um unnötige Auslagen zu vermeiden, zuerst beim zuständigen Betreibungsamt eine Betreibungsauskunft ein. Und versuchen Sie, untereinander eine machbare Ratenzahlung zu vereinbaren. Halten Sie eine solche Vereinbarung schriftlich fest, wird auch so die Verjährungsfrist unterbrochen.

TIPP *Will der Partner nicht zahlen und haben Sie keinen **schriftlichen Beleg für die Schuld** oder wenigstens Zeugen, stehen die Chancen schlecht, dass Sie zu Ihrem Geld kommen. Oft ist es dann klüger, sich den Gang durch die Ämter zu sparen.*

Keine Haftung für Schulden bei Dritten

Im Konkubinat gibt es keine automatische solidarische Haftung. Das gilt sowohl für die Schulden, die der Partner vor der Beziehung hatte, wie auch für solche, die die Partnerin während des Zusammenlebens eingeht. Damit der Lebenspartner von den Gläubigern seiner Freundin belangt werden kann, braucht es immer eine vertragliche Verpflichtung.

Dies kommt allerdings relativ häufig vor. Zum Beispiel wenn beide den Mietvertrag für die Wohnung unterzeichnen, wenn sie zusammen ein Auto leasen oder eine Partnerkreditkarte beantragen. In solchen Fällen entsteht eine Solidarhaftung, und der Gläubiger kann seine Forderung bei beiden Partnern eintreiben (siehe Seite 16).

TIPP *Nicht immer sind sich Paare der Tragweite ihrer Unterschriften bewusst. Deshalb gilt: vor der Unterschrift* ***Kleingedrucktes*** *sorgfältig lesen!*

Wenn der Partner betrieben wird

Wird der Partner wegen seiner Schulden erfolgreich betrieben, droht ihm die Pfändung (im Handelsregister eingetragenen Personen der Konkurs). Gepfändet werden darf alles, was ihm gehört und was er nicht dringend für seinen Lebensbedarf benötigt. Besitzt ein Schuldner keine pfändbaren Vermögenswerte, kommt es zur Lohnpfändung. Vom Lohn darf aber nur der Teil gepfändet werden, der über dem betreibungsrechtlichen Existenzminimum liegt.

Ein für alle geltendes Existenzminimum gibt es nicht; dieser Betrag wird für jede Person individuell berechnet. Zum Existenzminimum gehören der allgemeine Lebensbedarf, wofür alle Kantone Pauschalen einsetzen, sowie die notwendigsten individuellen Ausgaben wie Miete und Krankenkassenprämien.

Die Lebenspartnerin ist mitbetroffen

Lebt der Schuldner nicht allein, wird dies bei der Berechnung des Existenzminimums berücksichtigt. Das Bundesgericht hat klare Leitplanken gesetzt:

- Bei Eheleuten mit oder ohne Kinder wird das Existenzminimum für die ganze Familie errechnet und dann proportional auf die Einkommen der beiden Eheleute verteilt. Das Einkommen des nicht verschuldeten Ehegatten haftet damit zwar nicht direkt für die Schulden des anderen, es wird aber berücksichtigt. Deshalb kann vom Einkommen des Schuldners mehr gepfändet werden, als wenn er allein wäre.
- Ebenso wird gerechnet bei Konkubinatspaaren, die gemeinsame Kinder haben. In die Rechnung einbezogen wird also das Einkommen, das die Partnerin verdient – oder verdienen könnte (BGE 106 III 11).

- Ohne Kinder ist diese Berechnung für Konkubinatspaare unzulässig. Das Einkommen der Lebenspartnerin wird nicht miteinbezogen. Das Amt darf nur die Ersparnisse berücksichtigen, die der Schuldner durch das Zusammenleben hat – bei den Wohnkosten und beim Lebensbedarf. Grundsätzlich darf das Amt die Hälfte der für Verheiratete geltenden Pauschale, das sind laut Richtlinien im Kanton Zürich zum Beispiel 850 Franken, und die Hälfte der Wohnkosten beim Existenzminimum des Schuldners berücksichtigen (BGE 130 III 765).

Besonders schlimm ist es, wenn gemeinsames Wohneigentum des Paares mit in ein Betreibungsverfahren gezogen wird. Denn dann droht die Zwangsverwertung (siehe Seite 173).

TIPP *Gepfändet werden dürfen zwar nur diejenigen Gegenstände, die dem Schuldner gehören. Kann aber die Wohnpartnerin nicht beweisen, dass pfändbare Gegenstände im gemeinsamen Heim ihr gehören,* ***wird Miteigentum angenommen*** *und der fragliche Gegenstand mitgepfändet. Mit einem Inventar können Sie vorsorgen* *(siehe Seite 39)**.*

Schuldensanierung

Warten Sie nicht zu lange zu, wenn es in Ihrer Lebensgemeinschaft finanziell prekär wird. Treten Sie rasch mit Ihren Gläubigern in Kontakt, suchen Sie zusammen mit ihnen Lösungsmöglichkeiten. Für eine wirksame Schuldensanierung brauchen Sie:

- ein realistisches Budget
- ein regelmässiges Einkommen, das über dem betreibungsrechtlichen Existenzminimum liegt
- viel Disziplin und den Willen, sich über eine längere Zeit einzuschränken
- meist ein Entgegenkommen der Gläubiger

Welche Art der Schuldensanierung infrage kommt, hängt entscheidend von obigen Faktoren ab. Die möglichen Massnahmen reichen von der Ratenzahlung bis zum Privatkonkurs.

TIPPS *Am besten besprechen Sie Ihre Schuldensanierung mit einer* ***Schuldenberatungsstelle.*** *Wenden Sie sich an eine der seriösen Stellen, die dem Dachverband Schuldenberatung Schweiz angeschlossen sind (www.schulden.ch), oder kontaktieren Sie die Sozialberatungsstelle Ihres Wohnorts. Abzuraten ist von kommerziellen Privatsanierern, die sich in Zeitungsinseraten anpreisen.*

Kleinkredite sind keine Lösung – damit schieben Sie das Problem nur hinaus. Und die hohen Zinsen machen den Schuldenberg noch grösser.

Wenn die Partnerin Sozialhilfe benötigt

Wer seinen Lebensunterhalt nicht aus eigenen Mitteln decken kann, hat Anspruch auf staatliche Unterstützung. Das ist seit 1999 in Artikel 12 der Bundesverfassung festgehalten. Fast alle Kantone orientieren sich bei der Bemessung der Sozialhilfe an den Empfehlungen der Schweizerischen Konferenz für Sozialhilfe, kurz SKOS genannt. Immer häufiger werden aber strengere Massstäbe angewendet.

Die Sozialhilfe garantiert das soziale Existenzminimum. Sie soll der unterstützten Person einen Lebensstandard sichern, der neben der Befriedigung der Grundbedürfnisse auch eine bescheidene Teilnahme am sozialen Leben ermöglicht – zum Beispiel einen Kino- oder Zirkusbesuch. Zum sozialen Existenzminimum gehören:

- eine Pauschale für den allgemeinen Lebensunterhalt, abgestuft nach Haushaltsgrösse
- die Wohnkosten
- die Gesundheitskosten
- je nach Bedarf Leistungen wie Berufsauslagen oder Kinderbetreuungskosten

INFO *Die Sozialhilfeleistungen werden* ***von der Wohngemeinde ausgerichtet.*** *Details zur Bemessung finden Sie bei der SKOS (www.skos.ch).*

So wird die Sozialhilfe berechnet

Mitglieder einer Wohn- oder Lebensgemeinschaft haben je einen eigenen Anspruch auf Sozialhilfe. Sie werden, anders als Eheleute, nicht als Einheit erfasst. Doch im Ergebnis werden das Konkubinatspaar und die WG nicht grosszügiger behandelt als die traditionelle Familie. Benötigen beide Lebenspartner Sozialhilfe, wird wie bei Verheirateten ein gemeinsames Unterstützungsbudget erstellt. Ist nur ein Partner auf Sozialhilfe angewiesen, wird im Budget für ihn ein Pro-Kopf-Anteil an den Lebenskosten der Gemeinschaft berücksichtigt – in einer Dreier-WG also ein Drittel der Wohnkosten. Benötigen die Partnerin und ihr Kind aus einer früheren Beziehung Sozialhilfe, der neue Lebenspartner dagegen nicht, werden zwei Drittel der Lebens- und Wohnkosten berücksichtigt.

ARLETTE UND PAULA WOHNEN ZUSAMMEN. Die Miete für die Wohnung beträgt 1400 Franken. Im Unterstützungsbudget für Paula, die Sozialhilfe benötigt, rechnet das Sozialamt 755 Franken als Pauschale für ihren allgemeinen Lebensbedarf und 700 Franken Wohnkosten an.

Auch Hausarbeit wird berücksichtigt. Erledigt beispielsweise die Lebenspartnerin, die Unterstützung braucht, den Haushalt für ihren Freund, können ihr gemäss den Richtlinien der SKOS bis zu 950 Franken fiktives Einkommen angerechnet werden. Betreut sie eines oder mehrere Kinder des Partners, erhöht sich dieser Betrag auf mindestens das Doppelte. Dieses fiktive Einkommen wird vom Unterstützungsbudget abgezogen.

Hat der Lebenspartner eine Beistandspflicht?

Zivilrechtlich sind Konkubinatspaare nicht verpflichtet, sich gegenseitig zu unterstützen. Wenn die Lebenspartnerin auf Sozialhilfe angewiesen ist, dürfte also bei unverheirateten Paaren weder das Einkommen noch das Vermögen ihres Partners eine Rolle spielen.

Sobald es sich aber um ein stabiles Konkubinat handelt, werden Lebenspartner doch zur Unterstützung genötigt. Nach den SKOS-Richtlinien gilt ein Konkubinat als stabil, wenn es seit mindestens zwei Jahren besteht oder wenn das Paar ein gemeinsames Kind hat. Ist der Partner in der Lage, für seine Freundin aufzukommen, werden die Leistungen reduziert oder fallen ganz weg. Das Bundesgericht hat diese Praxis genehmigt.

Der Partner wird krank

Es kann plötzlich oder schleichend passieren – der vorher selbständige Partner ist auf Pflege und Unterstützung angewiesen. Ist dieser Zustand nicht nur vorübergehend, sollten Sie frühzeitig die Lage besprechen und professionelle Hilfe holen.

Überlegen Sie sich vor allem folgende Punkte: Habe ich genügend Ressourcen, um den Partner selber zu pflegen? Und umgekehrt: Kann und will ich die Pflege der Partnerin annehmen? Welche Unterstützung ist nötig? Soll die pflegende Partnerin für ihren Einsatz eine Entschädigung erhalten?

Die Partnerin pflegen

Als Laie weiss man kaum, was es heisst, einen kranken Menschen zu pflegen. Deshalb lohnt es sich, mit einer Fachkraft eine Pflegebedarfsabklärung zu machen. Dabei wird ermittelt, welche Hilfe nötig ist, welche Aufgaben die pflegende Lebenspartnerin oder der Lebenspartner übernehmen kann und welche Unterstützung von Dritten, beispielsweise der Spitex, geleistet werden kann.

Auch wenn es unangenehm ist, sprechen Sie übers Geld! Erwarten Sie eine finanzielle Abgeltung? Möchten Sie die pflegende Partnerin entschädigen? Ein klares «Kommt nicht infrage» ist genauso in Ordnung wie ein «Ja, natürlich». Dann wissen beide, woran sie sind. Wer im Stillen hofft, der Partner oder die Erben würden sich dann schon erkenntlich zeigen, wird womöglich bitter enttäuscht.

Ohne anderslautende Vereinbarung gelten Pflegeleistungen im Konkubinat als kostenloser Liebesdienst. Sollen die Dienstleistungen entschädigt werden, braucht es also eine klare schriftliche Abmachung. Bei der Pro Senectute können Sie ein Muster für einen umfassenden Betreuungs- und Pflegevertrag beziehen. Wollen Sie nur die finanzielle Entschädigung regeln, reichen ein paar Zeilen (siehe Kasten auf der nächsten Seite).

PFLEGEVEREINBARUNG

Harry H. erbringt für seine Partnerin Natascha L. folgende Pflege- und Dienstleistungen:

- Hilfe beim An- und Ausziehen
- Hilfe bei der täglichen Körperpflege
- Zubereiten der Mahlzeiten und Hilfe beim Essen

Harry erhält dafür eine monatliche Entschädigung von 1500 Franken, zahlbar bis spätestens am 10. jedes Monats.

Liestal, 25. Oktober 2023

Harry H. Natascha L.

TIPP *Als Stundenansatz empfehlen sich* ***25 bis 30 Franken.*** *Beim Festlegen, welche Dienstleistungen entschädigt werden sollen, hilft Ihnen das Erhebungsblatt der* ***Pro Senectute*** *(www.prosenectute.ch → Ratgeber → Gesundheit → Angehörige zu Hause betreuen → Pflegevertrag). Auf dem Honorar sind die üblichen Sozialversicherungsbeiträge zu zahlen und es muss in der Steuererklärung angegeben werden.*

Ob der kranke Partner eine Entschädigung leisten kann, ist natürlich von seinen finanziellen Möglichkeiten abhängig. Leider werden die Pflegeleistungen von Angehörigen nicht von der Krankenkasse übernommen. Ist der kranke Partner schon im AHV-Alter oder bezieht er eine IV-Rente, und ist es ihm nicht möglich, seinen Lebensunterhalt zu finanzieren, können Sie prüfen, ob ein Anspruch auf Ergänzungsleistungen besteht. Ist der Partner bei den alltäglichen Lebensverrichtungen, also beim Ankleiden, bei der Körperpflege, beim Essen, auf die Hilfe Dritter angewiesen, gibt es die Möglichkeit, Hilflosenentschädigung zu beantragen. Mehr Informationen erhalten Sie bei Ihrer AHVAusgleichskasse oder unter www.ahv-iv.ch.

Wer entscheidet über die Behandlung?

Die moderne Medizin eröffnet viele Behandlungsmöglichkeiten, auch dort, wo keine Aussicht auf Heilung besteht. Schwerkranke Menschen und ihre Angehörigen können deshalb mit der Frage konfrontiert sein, welche medizinischen Massnahmen erwünscht sind.

Wer bei Sinnen ist, entscheidet selber über seine medizinische Behandlung. Es steht dabei jeder Person frei, die von der Ärztin empfohlene Behandlung durchführen zu lassen oder darauf zu verzichten. Die Ärztin entscheidet erst für ihren Patienten, wenn dieser nicht mehr fähig ist, seine Wünsche zu artikulieren, und ein Notfall vorliegt. Mit einer Patientenverfügung können Sie sicherstellen, dass auch dann in Ihrem Sinn gehandelt wird. Handelt es sich nicht um einen Notfall, muss der Arzt die nächsten Angehörigen konsultieren.

TIPP *Muster von Patientenverfügungen sind bei verschiedenen Organisationen erhältlich, zum Teil gratis.* ***Bezugsquellen finden Sie im Anhang.***

Kann eine Patientin nicht mehr selber entscheiden und hat sie auch keine Patientenverfügung verfasst, bestimmen seit dem 1. Januar 2013 die nächsten Angehörigen über die weitere Behandlung. Lebt ein Paar zusammen, ist in der Regel der Lebenspartner diese Person. Nach wie vor muss er die Entscheide nach dem mutmasslichen Willen der Patientin und in ihrem Interesse treffen.

Möchten Sie sichergehen, dass der Arzt Ihre Partnerin informiert und zurate zieht – und nicht andere Angehörige, etwa eine Noch-Ehefrau oder erwachsene Kinder? Mit einer Patientenverfügung oder einem Vorsorgeauftrag sorgen Sie für klare Verhältnisse (siehe Anhang, Seite 199).

INFO *Was es braucht, damit Sie Ihren Partner, Ihre Partnerin* ***in Rechtsgeschäften vertreten*** *können, lesen Sie in Kapitel 3 (Seite 72).*

Gute Zeiten, schlechte Zeiten

In einer Partnerschaft kann es auch zu schwierigen Situationen kommen, die die Beziehung belasten. Studien belegen, dass Beziehungsprobleme und Belastungsfaktoren zwar erkannt, meist aber nicht rechtzeitig und/oder ungeschickt angegangen werden. Das ist nicht weiter verwunderlich. Schliesslich hatten wir alle kein Schulfach «Partnerschaftsprobleme und wie man sie meistert». Zeichnen sich Schwierigkeiten in Ihrer Partnerschaft ab, lohnt es sich, frühzeitig Unterstützung von Fachleuten zu holen.

Oft wirken sich auch Streitigkeiten eines Partners mit einer aussenstehenden Drittperson belastend auf die Paarbeziehung aus. Kommt es zu einer Zivilklage vor Gericht oder ist der Partner gar Angeschuldigter in einer Strafsache, kann es passieren, dass die Lebenspartnerin als Zeugin vorgeladen wird. Hier gelten besondere Regeln.

Keine Bagatelle ist Gewalt in der Partnerschaft. Sind Sie davon betroffen – als Opfer oder Täterin –, sollten Sie sich sofort an entsprechende Beratungsstellen wenden, bevor die Situation noch weiter eskaliert.

Professionelle Hilfe für Paare

Über 40 Prozent aller Ehen werden geschieden, in städtischen Verhältnissen sind es sogar 50 Prozent. Zu gescheiterten Lebenspartnerschaften existieren keine Zahlen. Die Trennungsrate dürfte aber kaum tiefer liegen. Doch Krisen in einer Partnerschaft müssen nicht zwangsläufig zur Trennung führen. Die meisten Schwierigkeiten lassen sich mit Kooperation und einer guten Gesprächskultur meistern. Und diese Fähigkeiten kann man mithilfe von Fachleuten erlernen.

TIPP *Einhellig wird in Fachkreisen immer wieder betont, wie wichtig es ist,* ***sich frühzeitig Hilfe zu holen.*** *Je länger ein Konflikt schwelt, umso schwieriger wird es, den «Rank» wieder zu finden.*

Paarberatung, Paartherapie, Paarcoaching

Wer Hilfe sucht, findet verschiedene Angebote. In einer Paarberatung und Paartherapie geht es im Wesentlichen um das Aufarbeiten grundlegender Themen wie Nähe und Distanz, Autonomie von Partner und Partnerin oder Langeweile und Leidenschaft. Es geht auch darum, gangbare Lösungen für aktuelle Probleme zu finden. Ziel ist eine umfassende Verbesserung und Neugestaltung der Paarbeziehung.

Bei der Paarmediation und dem Paarcoaching geht es weniger um die Paardynamik und den Gefühlshaushalt. Im Vordergrund steht das Lösen aktueller, konkreter Probleme – zum Beispiel der Umgang mit den Finanzen, die Aufteilung der Berufs- und Haushaltsarbeit.

Solche Unterstützungsangebote können wenige Wochen bis mehrere Monate dauern, je nach Bedarf. Ein Erstgespräch ist meist gegen eine geringe Gebühr oder gar kostenlos erhältlich. Viele Beratungsstellen verrechnen im Übrigen den finanziellen Möglichkeiten des Paares angepasste Tarife.

TIPP *Vor der Wahl Ihres Beraters, Ihrer Beraterin* ***prüfen Sie am besten verschiedene Angebote.*** *Fragen Sie nach der Ausbildung, der Praxiserfahrung und den Kosten. Vertrauen Sie beim ersten Gespräch auch auf Ihr Bauchgefühl: Stimmt die Chemie zwischen der Beraterin und Ihnen beiden nicht auf Anhieb, sind Sie wahrscheinlich noch nicht am richtigen Ort (Adressen erhalten Sie über die Gemeindeverwaltung).*

Lebenspartner im Zivil- oder Strafprozess

Ist Ihr Lebenspartner Kläger oder Beklagter in einem Zivilprozess oder ist er wegen eines Delikts angeschuldigt, kann es passieren, dass Sie als Zeugin vorgeladen werden. Entgegen einer weitverbreiteten Meinung ist es einem nicht freigestellt, ob man vor Gericht aussagen will oder nicht.

Zeugnis ablegen ist keine Gefälligkeit, sondern Bürgerpflicht. Und wer aussagt, muss die Wahrheit sagen. Wer lügt, riskiert eine Freiheits- oder Geldstrafe.

Als Zeuge oder Zeugin in einem Strafprozess darf man aber die Aussage immer dann verweigern, wenn man sich dadurch selbst belasten würde. Besteht diese Gefahr nicht oder geht es um eine zivilrechtliche Streitigkeit, muss man aussagen. Ansonsten droht Busse – es sei denn, das Gesetz erkennt einem ein Zeugnisverweigerungsrecht zu. Seit dem 1. Januar 2011 haben nicht nur Eheleute, sondern auch Konkubinatspartner und Lebensgefährtinnen dieses Recht. Das Gesetz will damit ihre Vertrauensbeziehung schützen und sie vor einem Gewissens- und Interessenkonflikt bewahren.

Gewalt in der Partnerschaft

Leider kommt sie vor, Gewalt in der Partnerschaft. Zum Glück endet sie nur in seltenen Fällen tödlich. Das macht es aber nicht besser. Gewalt ist in jeder Form inakzeptabel. Das Opfer, das die Schläge provoziert haben soll, oder die angeblich ausgerutschte Hand sind nichts als feige Ausreden. Allein verantwortlich ist immer derjenige, der Gewalt ausübt. Nie sein Opfer! Und wer einmal zuschlägt, tut es meist wieder – allen gegenteiligen Beteuerungen zum Trotz.

Es gibt auch Frauen, die ihre Männer prügeln. Sie sind jedoch in der Minderheit. Meist sind die Opfer weiblich. In jüngster Zeit werden vermehrt Anstrengungen unternommen, gegen Gewalt in der Partnerschaft vorzugehen. Das Allerwichtigste ist aber, dass Täter und Opfer das Thema nicht totschweigen, sondern sofort fachliche Hilfe holen.

Gewalt ist strafbar

Häusliche Gewalt – von der Drohung über sexuelle Nötigung bis zum Tötungsdelikt – ist eine strafbare Handlung. Je nach Delikt drohen Bussen oder langjährige Freiheitsstrafen. Seit dem 1. April 2004 wird jede Art von häuslicher Gewalt von Amtes wegen verfolgt (früher brauchte es für einige Delikte wie zum Beispiel einfache Körperverletzung immer einen Strafantrag des Opfers). Das Gesetz gilt für verheiratete und unverheiratete Paare genau gleich, sofern sie einen gemeinsamen Haushalt führen und die Tat während des Zusammenlebens oder innert eines Jahres nach der Trennung begangen wurde.

Ebenfalls ins Zivilgesetzbuch aufgenommen wurden Bestimmungen zum Schutz der Opfer: Das Gericht kann veranlassen, dass ein gewalttätiger Partner aus der gemeinsamen Wohnung vorübergehend ausziehen muss. Ausserdem kann es ihm verbieten, die unmittelbare Umgebung der Wohnung zu betreten oder sich dem Opfer zu nähern und mit ihm Kontakt aufzunehmen. Heute kann das Gericht sogar den Mietvertrag auf das Opfer von häuslicher Gewalt allein übertragen, sofern der Vermieter zustimmt. Das Gesetz sieht zudem vor, dass die Kantone Informations- und Beratungsstellen einrichten, um häusliche Gewalt zu vermeiden und Rückfälle gewalttätiger Personen zu verhindern.

Opferhilfe

Wer Opfer häuslicher Gewalt geworden ist, kann staatliche Opferhilfe beanspruchen. Laut der Opferhilfestatistik des Bundesamts für Statistik werden jährlich in der ganzen Schweiz gegen 45 000 Beratungen durchgeführt. Davon haben mehr als die Hälfte einen familiären Hintergrund. Die Hilfe wird unabhängig davon gewährt, ob der Täter ermittelt worden ist und ob ihn eine Schuld trifft.

Die Opfer häuslicher Gewalt haben Anspruch auf kostenlose Beratung, Information und Begleitung durch eine anerkannte Opferberatungsstelle. In dringenden Fällen ist auch kostenlose Soforthilfe möglich: zum Beispiel eine Krisenintervention durch eine Psychotherapeutin, ärztliche Abklärung, juristische Erstberatung durch einen Anwalt, die Vermittlung einer Notunterkunft oder andere Sicherheitsvorkehrungen. Ist weitere Hilfe nötig, etwa eine Psychotherapie oder anwaltliche Vertretung, vermittelt die Opferhilfestelle geeignete Adressen. Auch diese Kosten werden übernommen, wenn es die persönlichen und finanziellen Verhältnisse des Opfers erfordern.

INGRID WIRD VON IHRER PARTNERIN immer wieder verprügelt. Als sie auch ihre Tochter bedroht, fasst Ingrid endlich den Mut, sich an eine Opferberatungsstelle zu wenden. Diese vermittelt Mutter und Tochter sofort eine Notunterkunft und einen Beratungstermin bei einer Anwältin.

TIPP *Wichtig ist, sich so schnell wie möglich an eine* ***Opferhilfestelle*** *zu wenden. Adressen in Ihrer Region finden Sie im Anhang und unter www.opferhilfe-schweiz.ch*

Frauen und Kinder, die von Gewalt bedroht sind, können in ein Frauenhaus flüchten. Die Frauenhäuser sind rund um die Uhr telefonisch erreichbar. Sie bieten neben einer geschützten Unterkunft auch Beratung und Begleitung an. Dank den Gewaltschutzbestimmungen können Opfer von häuslicher Gewalt aber auch die sofortige Ausweisung des gewaltausübenden Partners bis zur Übertragung des Mietvertrags erwirken.

INFO *Die Adressen der **Frauenhäuser** werden geheim gehalten. Anlaufstellen finden Sie im Anhang und unter www.opferhilfe-schweiz.ch.*

Täterhilfe

Und die Männer? Sind sie selbst Opfer häuslicher Gewalt, wenden sie sich am besten an eine Opferberatungsstelle. Häufiger geht die Gewalt jedoch von den Männern aus. Viele wollen eigentlich keine Gewalt anwenden, trotzdem passiert es. Ist das auch bei Ihnen so? Dann holen Sie sich sofort Hilfe bei einer Beratungsstelle für gewalttätige Männer. Die Beratungen sind vertraulich. Adressen finden Sie im Anhang sowie im Internet unter www.ebg.admin.ch (→ Themen → Gewalt).

Kinder im Konkubinat

5

Startklar fürs Abenteuer Familie? Dieses Kapitel führt Sie an den wichtigsten Wegmarken vorbei: Kindesanerkennung, Unterhaltsvertrag, gemeinsame elterliche Sorge. Zudem finden Sie ein paar Hinweise, wie man mit der Veränderung im Beziehungsgefüge klarkommt. Und auch vom Zusammenleben mit nicht gemeinsamen Kindern ist die Rede.

Eltern werden

Wenn ein Kind in Ihre Partnerschaft kommt, gilt das, was sich wie ein roter Faden durchs Konkubinatsleben zieht, erst recht: Sie müssen einiges selber regeln. Denn die gesetzlichen Bestimmungen für Kinder unverheirateter Eltern sehen nicht automatisch vor, dass der Partner auch rechtlich zum Vater des Kindes wird oder dass das Paar die gemeinsame elterliche Sorge hat. Zudem ist zu klären, wer wie viel an den Unterhalt des Kindes zahlt.

Ein Nachteil, dass Sie sich so viele prosaische Gedanken machen müssen? Nicht unbedingt, Sie werden das Abenteuer Elternschaft von Beginn an viel bewusster angehen. Die Vorfreude auf das Baby muss deswegen nicht zu kurz kommen.

INFO *Was **bei einer Trennung** gilt und wie Sie dann im Interesse der Kinder für eine gute Lösung sorgen, erfahren Sie in Kapitel 8 (Seite 181).*

Der Vater muss sein Kind anerkennen

Schon bei der Geburt eines Kindes ist sonnenklar, wer seine Mutter ist. Beim Vater ist das nicht so eindeutig – deshalb widmet das ZGB der Vaterschaft mehrere Artikel.

Ist ein Mann mit einer Frau verheiratet, gilt er von Gesetzes wegen als Vater ihrer Kinder – selbst wenn er das gar nicht ist. Nicht so der Konkubinatsvater. Auch wenn Sie mit der Mutter Ihres Kindes zusammenleben und eine ganz «normale» Familie sind, werden Sie rechtlich gesehen erst mit der formellen Anerkennung zum Vater. Nur so entsteht das Verwandtschaftsverhältnis zwischen Ihnen und Ihrem Sohn, Ihrer Tochter.

Sie können Ihr Kind bei jedem Zivilstandsamt in der ganzen Schweiz anerkennen – auch bereits vor der Geburt. Am besten vereinbaren Sie dafür telefonisch einen Termin und fragen, welche Dokumente Sie mitbringen müssen. Die Beurkundung der Vaterschaft kostet 75 Franken. Ist ein Elternteil nicht Schweizer Bürger, kostet die Prüfung seiner Dokumente noch zusätzlich.

TIPP *Wollen Sie die **gemeinsame elterliche Sorge** für Ihr Kind, können Sie dies zusammen mit der Vaterschaftsanerkennung auf dem Zivilstandsamt erklären. Das kostet noch 30 Franken extra.*

Ist es meines? Der Vaterschaftstest

Wenn Sie sich gemeinsam für eine Familie entschieden haben und sich auf Ihr Kind freuen, brauchen Sie keinen Vaterschaftstest. Auch für die Anerkennung wird keiner verlangt. Möchten Sie trotzdem einen Test, müssen Sie bis nach der Geburt des Babys warten. Jährlich werden in den vom Bund anerkannten Labors über 1000 Vaterschaften abgeklärt. Dazu kommen schätzungsweise mehrere Hundert Fälle, die in anderen Labors untersucht werden. Ein Vaterschaftstest bei einem Institut für Rechtsmedizin (Aarau, Basel, Bern, Lausanne, St. Gallen und Zürich) kostet zwischen 1000 und 1200 Franken. Private Labors sind ein paar Hundert Franken günstiger (eine Liste der vom Bund anerkannten Labors finden Sie unter www.ch.ch/de/vaterschaftstest).

Die Schweiz kennt strenge Vorschriften für Vaterschaftstests. Sie sind nur mit dem Einverständnis aller Beteiligten erlaubt. Nach dem Gesetz über genetische Untersuchungen beim Menschen sind heimliche Tests sogar strafbar. Es droht Freiheits- oder Geldstrafe.

Wenn die Mutter noch verheiratet ist

Heute ist es nicht ungewöhnlich, dass eine noch verheiratete Frau das Kind ihres neuen Lebenspartners zur Welt bringt. Das Gesetz hinkt dieser gesellschaftlichen Realität hinterher. Laut ZGB gilt immer der Ehemann als Vater. Dies auch dann, wenn die Eheleute schon jahrelang getrennt leben. Selbstverständlich lässt sich das korrigieren. Das Verfahren kostet aber Zeit und Geld – und es braucht die Mithilfe des Ehemanns.

Um nicht als Vater im Familienregister eingetragen zu bleiben, muss der (Noch-)Ehemann seine Vaterschaft vor Gericht anfechten. Pikant: Die Mutter und der wirkliche Erzeuger haben kein Klagerecht. Will der Ehemann nichts unternehmen, müssen sich die biologischen Eltern an die

Kindes- und Erwachsenenschutzbehörde (Kesb) wenden. Diese kann einen Beistand beauftragen, im Namen des Kindes zu klagen. Sie wird aber zuerst prüfen, ob das wirklich im Interesse des Kindes ist.

Der Nachweis der Nichtvaterschaft wird dank DNA-Test mit fast hundertprozentiger Sicherheit erbracht. Sobald das Gericht die Klage gutgeheissen hat, wird der Ehemann als Vater rückwirkend auf den Zeitpunkt der Geburt aus dem Familienregister gelöscht. Erst jetzt kann der wirkliche Vater sein Kind anerkennen.

Bei Schwangerschaft sofort scheiden!
Diese Umtriebe können sich alle Beteiligten sparen, wenn das Kind erst nach der rechtskräftigen Scheidung auf die Welt kommt. Herrscht Gewissheit über die Schwangerschaft, dauert es allerdings nur noch ein paar Monate bis zur Geburt. Es ist also Eile geboten.

TIPP *Reicht die Zeit nicht mehr für eine Scheidung, kommen Sie um einen* ***Gerichtsprozess*** *nicht herum. Der Beweis, dass der Noch-Ehemann nicht der Vater ist, muss in der Regel mit einem DNA-Test erbracht werden. Das allein kostet über 1000 Franken. Fragen Sie das Gericht, ob es auf diesen Nachweis verzichtet, wenn der Lebenspartner vor Gericht erklärt, sein Kind sofort anzuerkennen, und bereits einen von der Kesb ausgearbeiteten Unterhaltsvertrag vorlegt.*

Künstliche Befruchtung und Adoption

Nach wie vor ist die gemeinsame Adoption für unverheiratete Paare in der Schweiz nicht erlaubt. Zur Stiefkindadoption siehe Seite 136. Zulässig sind hingegen die medizinisch unterstützten Methoden gemäss dem Fortpflanzungsmedizingesetz mit Ausnahme der Samenspende.

Die Ei- und die Embryonenspende sowie die Leihmutterschaft sind für verheiratete und unverheiratete Paare in der Schweiz verboten.

Name und Bürgerrecht des Kindes

Sind Konkubinatseltern bei der Wahl des Vornamens uneinig, hat die Mutter den Stichentscheid – wenn die beiden nicht die gemeinsame elterliche Sorge haben (siehe Seite 118).

Den Nachnamen des Kindes bestimmt das Gesetz: Bei unverheirateten Eltern ist es der Ledigname der Mutter, sofern sie das alleinige Sorgerecht hat. Haben die Eltern das gemeinsame Sorgerecht erklärt, können sie zwischen den Ledignamen beider wählen. Das ist auch schon vor der Geburt möglich. Die Namenswahl gilt für alle später geborenen gemeinsamen Kinder ebenfalls. Hat das Kind nicht das Schweizer Bürgerrecht, gibt es Ausnahmen von diesen Regeln. Welchen Namen Sie für Ihr Kind gewählt haben, können Sie beim Zivilstandsamt erklären.

Eltern, die erst nach der Geburt des ersten Kindes die gemeinsame elterliche Sorge vereinbart oder erhalten haben, können innert eines Jahres seit deren Begründung auf dem Zivilstandsamt erklären, dass das Kind den Ledignamen des Vaters statt der Mutter tragen soll.

Übrigens: Ist das Kind schon über zwölf Jahre alt, gilt jeder Namenswechsel nur, wenn es zustimmt.

TIPP ***Heiraten die Eltern nachträglich,*** *erhält das Kind den Familiennamen der Eltern. Behalten Mutter und Vater je ihren Ledignamen, müssen sie bestimmen, welchen Namen ihre Kinder tragen sollen.*

Die Mutter ist noch verheiratet

Kommt das Kind vor der Scheidung einer noch bestehenden Ehe der Mutter auf die Welt, erhält es nur dann den Ledignamen der Mutter, wenn das Ehepaar dies bei der Heirat so bestimmt hatte. Womöglich trägt das Kind ab der Geburt also den Namen des (Noch-)Ehemanns. Das bleibt auch so, wenn die Mutter nach der Scheidung ihren Namen ändert.

MARTINA HUBER LEBT SCHON SEIT ZWEI JAHREN mit ihrem neuen Partner Gian Raimondi zusammen. Auf dem Papier aber ist sie noch verheiratet, als das gemeinsame Kind zur Welt kommt. Es wird deshalb als Mia Huber im Familienregister eingetragen. Kurze Zeit später ist die Scheidung vollzogen; Martina nimmt wieder ihren Mädchennamen an und heisst nun Walser. Die Tochter aber heisst weiterhin Huber, der Vater Raimondi.

Heiraten die Eltern, kann Mia den Ledignamen des Vaters oder der Mutter oder den von ihnen gewählten Familiennamen erhalten. Ohne Heirat ist eine Namensänderung innert eines Jahres seit der Erklärung des gemeinsamen Sorgerechts möglich. Ansonsten braucht es ein formelles Namensänderungsgesuch.

Namensänderungsgesuch

Das Namensänderungsgesuch stellen Sie bei der Regierung des Wohnsitzkantons des Kindes. Im Kanton Zürich etwa ist das Gemeindeamt zuständig, in Basel-Stadt die Rechtsabteilung des Justizdepartements. Das Verfahren ist nicht kostenlos; der Kanton Aargau etwa verlangt für einen formellen Entscheid zwischen 450 und 1000 Franken zuzüglich Auslagen.

Für eine Namensänderung reichen seit dem 1. Januar 2013 «achtenswerte Gründe», wie das folgende Urteil des Bundesgerichts zeigt:

URTEIL *Im Urteil BGE 140 III 577 erlaubte das Bundesgericht einem 13-jährigen Mädchen, vom Namen des Vaters zum Namen der allein sorgeberechtigten Mutter zu wechseln. Die Mutter hatte nach der Scheidung wieder ihren Ledignamen angenommen; das Kind lebte in ihrer Obhut und trug inoffiziell, zum Beispiel in der Schule, bereits ihren Namen. Offiziell hiess das Mädchen aber immer noch wie sein Vater. Unter dem alten, strengeren Recht hatten die Gerichte dem Kind den offiziellen Wechsel zum Namen der Mutter verwehrt. Nun wurde seinem Wunsch stattgegeben. Dieser Leitentscheid des Bundesgerichts zeigt: Namensänderungen sind heute generell zu bewilligen, wenn nachvollziehbare Gründe vorliegen.*

Dennoch: Um unnötige Kosten zu vermeiden, erkundigen Sie sich am besten zuerst informell bei der zuständigen Stelle über die Chancen eines Namensänderungsgesuchs.

Das Bürgerrecht

Das Kind nicht verheirateter Schweizer Eltern erhält das Kantons- und Gemeindebürgerrecht desjenigen Elternteils, dessen Namen es trägt.

Wechselt ein Kind unter 18 später zum Namen des anderen Elternteils, wechselt es auch zu dessen Kantons- und Gemeindebürgerrechts. Bei schweizerisch-ausländischen Eltern gibt es zwei Situationen:

- Ist die Mutter Schweizerin und der Vater Ausländer, erhält das Kind das Schweizer Bürgerrecht sowie das Kantons- und Gemeindebürgerrecht der Mutter.
- Ist die Mutter Ausländerin und der Vater Schweizer, erhält das Kind das Schweizer Bürgerrecht und das Kantons- und Gemeindebürgerrecht des Vaters, sofern es nach dem 1. Januar 2006 zur Welt gekommen ist – und vom Vater anerkannt wurde. Kinder, die vor dem 1. Januar 2006 geboren wurden, können sich erleichtert einbürgern lassen.

TIPP *Auskunft erhalten binationale Elternpaare beim* ***Staatssekretariat für Migration*** *(www.sem.admin.ch). Haben beide Eltern einen ausländischen Pass, sagt die Rechtsordnung ihres Heimatlands bzw. ihrer Heimatländer, was gilt. Auskunft erhalten Sie bei der Botschaft oder beim Konsulat.*

Der Alltag mit dem Kind

Bestimmt haben Ihnen andere Eltern aus dem Bekanntenkreis schon prophezeit, dass das Kind Ihr Leben auf den Kopf stellen wird. Und Sie haben sich darauf eingestellt, dass alles neu sein wird. Haben sich etwa Gedanken über die Rollenverteilung gemacht und sich vorgenommen, Ihrer Paarbeziehung genügend Zeit zu widmen. Und wie steht es im Konkubinat mit den Elternrechten und -pflichten?

Die elterliche Sorge

Die elterliche Sorge dauert von der Geburt bis zum 18. Geburtstag des Kindes. Wer das Sorgerecht hat, trägt die elterliche Verantwortung und bestimmt über die wesentlichen Themen im Leben des Sohnes, der Tochter. Dazu gehören insbesondere:

- Pflege und Schutz des Kindes
- Erziehung und Ausbildung
- grundlegende Entscheide über die Gesundheitsvorsorge und die Behandlung von Krankheiten
- gesetzliche Vertretung
- Verwaltung des Kindesvermögens
- Bestimmung des Wohnorts

Die Mutter erhält bei der Geburt automatisch die elterliche Sorge für ihr Kind (ausser, wenn sie noch nicht 18 ist oder unter umfassender Beistandschaft steht). Und der Vater?

Bis zum 1. Juli 2014 erhielt der nicht mit der Mutter verheiratete Vater das Sorgerecht nur, wenn sie damit einverstanden war. Heute sieht das Gesetz als Normalfall das gemeinsame Sorgerecht beider Eltern vor, unabhängig davon, ob sie verheiratet, unverheiratet oder geschieden sind. Nur in Ausnahmefällen soll ein Elternteil das alleinige Sorgerecht haben – zum Beispiel, wenn der andere Elternteil stirbt oder wenn er auf das Sorgerecht verzichtet. Auch wenn der Entzug des Sorgerechts für die Wahrung des Kindeswohls notwendig ist, greifen die Behörden ein. Denkbar sind Fälle von häuslicher Gewalt, andauernden Streitereien und Schikanen zwischen den Eltern mit negativen Auswirkungen auf das Kind oder ein Kontaktabbruch. Geht es um die elterliche Sorge, müssen die Behörden jeden Einzelfall separat beurteilen und dann entscheiden.

Die Erklärung der Eltern

Damit nicht verheiratete Eltern die gemeinsame elterliche Sorge erhalten, braucht es eine gemeinsame Erklärung. Darin halten Mutter und Vater fest, dass sie beide die Verantwortung für ihr Kind tragen wollen und dass sie sich über seine Betreuung und seinen Unterhalt einig sind. Diese Erklärung gibt man bei der Kesb ab; eine Genehmigung durch die Behörde ist heute nicht mehr nötig.

- Am einfachsten ist es, wenn die Eltern diese Erklärung zusammen mit der Vaterschaftsanerkennung schon **vor der Geburt** des Kindes beim Zivilstandsamt abgeben. Wenn nicht, erhält bei der Geburt zunächst die Mutter die alleinige elterliche Sorge.
- Ein Wechsel zur gemeinsamen elterlichen Sorge ist auch **nach der Geburt** noch einfach möglich: Entweder geben die Eltern ihre Erklä-

rung zusammen mit der Vaterschaftsanerkennung beim Zivilstandsamt ab oder – falls das Kind schon anerkannt worden ist – bei der Kindes- und Erwachsenenschutzbehörde (Kesb).

Weigert sich ein Elternteil, die Erklärung abzugeben, kann der andere bei der Kesb beantragen, dass diese darüber entscheidet. Die Behörde verfügt die gemeinsame elterliche Sorge – ausser das Kindeswohl spricht dagegen. Solange keine Erklärung bzw. kein Entscheid der Kesb vorliegt, hat die Mutter das alleinige Sorgerecht.

INFO *Ersatzlos gestrichen wurde der von den meisten Eltern als unnötige staatliche Bevormundung empfundene Artikel 309 ZGB:* ***Der unverheirateten Mutter wird heute kein Beistand mehr aufgezwungen,*** *um das Kindesverhältnis zum Vater und den Unterhalt zu regeln.*

Sinnvoll: eine Elternvereinbarung

Für die gemeinsame elterliche Sorge müssen die Eltern keine Vereinbarung über den Kinderunterhalt, die Betreuungsanteile oder das Besuchsrecht im Trennungsfall mehr treffen. Dennoch empfiehlt es sich, eine solche abzuschliessen. Sollte es zur Trennung kommen, haben die Eltern bereits eine Regelung, die sie in guten Tagen gemeinsam aufgestellt haben. Damit die Unterhaltsvereinbarung gültig ist, muss sie von der Kesb genehmigt werden.

TIPPS *Ein* ***Muster*** *für die Erklärung der gemeinsamen elterlichen Sorge inkusive einer Elternvereinbarung finden Sie im Anhang (Seite 202). Ein* ***mehrsprachiges Formular*** *ohne Elternvereinbarung finden Sie unter www.bj.admin.ch (→ Gesellschaft → Zivilstandswesen → Merkblätter → Gemeinsame elterliche Sorge → Musterformular: nach der Geburt).*

Die Kesb oder eine andere vom Wohnsitzkanton bezeichnete Stelle kann Sie beraten und hilft beim Erstellen der Elternvereinbarung. Übrigens: Für die Beratung und die Prüfung des Gesuchs durch die Behörden kann eine Gebühr erhoben werden. Diese richtet sich nach den kantonalen Ansätzen.

WAS GILT BEIM TOD EINES ELTERNTEILS?
Haben Mutter und Vater das gemeinsame Sorgerecht, erhält beim Tod des einen Elternteils automatisch der andere das alleinige Sorgerecht für die Kinder.

Wenn nur die Mutter das Sorgerecht hat, schaltet sich bei deren Tod die Kesb ein. Sie muss für die gesetzliche Vertretung des Kindes sorgen und abklären, wo es in Zukunft wohnen soll. Lebte die ganze Familie zusammen in einem Haushalt, ist dies eine reine Formsache: Der Vater erhält das Sorgerecht für sein Kind.

Erziehungsgutschrift der AHV

Für die Jahre, in denen Sie die elterliche Sorge über eines oder mehrere Kinder unter 16 Jahren ausüben, erhalten Sie Erziehungsgutschriften. Das bedeutet: Dem AHV-Konto der Eltern wird ein fiktives Jahreseinkommen von derzeit 44 100 Franken gutgeschrieben (Stand 2023). Dieses ist erst bei der späteren Berechnung der AHV-Rente relevant.

Seit dem 1. Januar 2015 müssen Eltern mit gemeinsamem Sorgerecht zudem vereinbaren, wie die Erziehungsgutschrift zu verteilen ist. Sie können dabei drei Varianten wählen: Entweder wird die Erziehungsgutschrift den Eltern je zur Hälfte gutgeschrieben, oder die ganze Gutschrift geht an den Vater bzw. an die Mutter. Sinnvollerweise erhält derjenige Elternteil die ganze Erziehungsgutschrift, dessen AHV-Konto weniger gut bestückt ist. Ohne Erklärung der Eltern muss die Kesb von Amtes wegen über die Anrechnung der Erziehungsgutschriften entscheiden.

Alles anders mit dem Kind

Kommt das erste Kind zur Welt, wird die Frau zur Mutter, der Mann zum Vater, und aus dem Liebespaar werden Eltern. Ein bisschen viel aufs Mal! Oft überschäumen die Emotionen, Glücksgefühle mischen sich mit Zweifeln und Ängsten. Geniessen Sie Ihr Glück, heulen Sie ruhig los vor lauter Freude! Lassen Sie aber auch den Zweifeln und Ängsten Raum. Solche zu haben, ist ganz normal. Schliesslich ist die Gründung einer Familie mit Sicherheit das grösste Projekt in Ihrem Leben.

Der Übergang vom Paar zur Familie mit Kind ist ein grosser Einschnitt im Beziehungsalltag. Einfache Rezepte für ein erfolgreiches Familien- und

Paarleben gibt es nicht. Jede Familie muss ihr eigenes finden. Wichtig ist, dass Sie sich den Herausforderungen stellen und bereit sind, an der Beziehung zu arbeiten. Wie ein guter Freundeskreis will auch die Paarbeziehung gepflegt sein. Sind Kinder da, gilt das umso mehr. Holen Sie sich ruhig Hilfe: Elternkurse oder nur schon der Austausch mit anderen Familien können wertvolle Anregungen vermitteln.

Die Beziehung pflegen

Es sind die kleinen Aufmerksamkeiten, die eine Beziehung im Schuss halten:

- Den anderen fragen: «Wie war dein Tag?» – auch wenn man müde ist.
- Loben und preisen, wie toll der Partner dieses und jenes macht.
- Blumen machen der Mutter nicht nur am Muttertag Freude – und der Vater schätzt sie auch.
- Dem Partner, der Partnerin Freizeit schenken: «Geh heute Abend ruhig noch mit den Arbeitskollegen auf ein Bier, ich warte auf dich.» Oder: «Ich komme morgen Nachmittag früher heim und schaue zum Kind, damit du mit der Freundin in den Hamam gehen kannst.»

BUCHTIPP

Reden Sie über solche Fragen – und zwar, bevor das Kind auf der Welt ist, oder besser: schon vor der Schwangerschaft. So vermeiden Sie unliebsame Überraschungen! Anregungen für gute Gespräche finden Sie in diesen Beobachter-Ratgebern: **Was Paare stark macht. Das Geheimnis glücklicher Beziehungen** und **Das Paar-Date – miteinander über alles reden.**

www.beobachter.ch/buchshop

Zeiten, in denen die Eltern wieder nur zu zweit sein dürfen, halten die Beziehung lebendig. Bei Wilma und Chris zum Beispiel hütet jeweils am Donnerstagabend der Götti die kleine Alischa; die Grossmama von Reto kommt jeden zweiten Samstagnachmittag und bleibt über Nacht. So können die Eltern regelmässig zusammen ins Kino oder ohne Kind zu Freunden auf Besuch gehen. Auch ein ganzes Wochenende zu zweit ist mit der Unterstützung von lieben Verwandten oder Freunden sicher hin und wieder machbar.

Für eine stundenweise Betreuung kann auch ein Babysitter eine gute Lösung sein. Manche Jugendliche – Mädchen und Jungen – verdienen sich auf diese Weise gern zusätzliches Taschengeld. Immer mehr von ihnen haben den Babysitterkurs beim Schweizerischen Roten Kreuz absolviert und dort die Grundlagen der Kleinkinderbetreuung erlernt: Wickeln, Zubereiten von Mahlzeiten, Füttern, Vorbeugen gegen Unfälle und das richtige Reagieren bei Problemen. Die Ansätze für Babysitter bewegen sich zwischen 10 und 20 Franken pro Stunde.

TIPP ***Babysitteradressen*** *erhalten Sie bei einigen Sektionen des Roten Kreuzes, bei Nachbarschaftshilfen oder bei Kleinkind- und Familienberatungsstellen. Oder fragen Sie andere Familien in Ihrer Umgebung nach deren Erfahrungen.*

Elternkurse bringen Anregung

In den Säuglingskurs geht man, das ist Standard. In Elternbildungszentren lässt sich aber nicht nur Babywickeln lernen. Es gibt eine Vielzahl von Angeboten: Kurse über Erziehung, Ernährung, die Entwicklung des Kindes – und Kurse, in denen Eltern lernen, wie sie mit ihrer neuen Lebenssituation umgehen können.

TIPP *Im Internet unter* ***www.elternbildung.ch*** *finden Sie die ganze Palette und sicher auch einen passenden Kurs in Ihrer Region.*

Die Rollen neu verteilen

Bestimmt haben Sie während der Schwangerschaft oder schon vor der Entscheidung für ein Kind diskutiert, welches Rollenmodell Sie als Familie leben wollen. Bei unseren Grosseltern und Eltern sah der Idealfall so aus: Der Mann bringt das Geld heim, die Frau kümmert sich um den Haushalt und erzieht die Kinder. Heute wollen viele berufstätige Mütter erwerbstätig bleiben, und viele Väter möchten nicht nur die Ernährerrolle spielen.

Und wie finden Sie die ideale Rollenverteilung für Ihre Familie? Am besten gehen Sie beide in einem ersten Schritt von Ihrer Wunschvorstellung aus. In einem zweiten Schritt vergleichen Sie die Ergebnisse. Decken sich Ihre Vorstellungen? Wenn nicht, besteht Diskussionsbedarf.

Und seien wir ehrlich: Beim Entscheid, ob und in welchem Umfang werdende Eltern ihre Erwerbsarbeit zugunsten der Familie reduzieren, spielen die ökonomischen Rahmenbedingungen eine wichtige Rolle. Teilzeitarbeit wird nicht in jedem Betrieb toleriert. Ausserdem zieht ein verändertes Pensum nicht nur eine Einbusse beim Lohn und bei der sozialen Absicherung nach sich, sondern oft auch bei den Karrierechancen. Auf der anderen Seite kommen heute viele Familien mit nur einem Gehalt kaum mehr über die Runden. All diese Überlegungen gilt es bei der Aufteilung von Familien- und Erwerbsarbeit miteinzubeziehen.

Die Kinderbetreuung organisieren

Viele Eltern können auf die Unterstützung von Verwandten zählen. Der Einsatz der Grosseltern soll nach Schätzungen des Forums für Familienfragen beim Bundesamt für Sozialversicherung einem wirtschaftlichen Wert von zwei Milliarden Franken entsprechen! Doch wenn beide Eltern intensiv berufstätig sind, geht es ohne die Hilfe weiterer Betreuungspersonen nicht. Das Angebot an familienexterner Kinderbetreuung in der Schweiz verdient zwar noch keine Bestnoten, es ist aber besser als auch schon, vor allem in städtischen Gebieten. Am weitesten verbreitet ist die Betreuung des Kindes bei einer Tagesmutter, in einer Kinderkrippe oder in einem Hort.

Um alle Bedenken gleich von Anfang an zu zerstreuen: Verschiedene Studien belegen, dass eine gute familienergänzende Betreuung die Entwicklung des Kindes fördert. Auch brauchen Sie nicht zu befürchten, dass Ihr Kleines sich Ihnen entfremdet. Der Einfluss der Eltern ist und bleibt der wichtigste für das Kind.

Die Tagesfamilie

Tagesmütter – seltener auch Tagesväter – betreuen Ihr Kind im kleinen, familiären Rahmen, meist zusammen mit eigenen Kindern. In der Schweiz gibt es rund 200 Tagesfamilienorganisationen; die meisten Tagesmütter sind einem solchen Verein angeschlossen. Sie werden in einem Kurs auf ihre Aufgabe vorbereitet und auch später bei ihrer Arbeit begleitet. Zwischen den Eltern und der Tagesmutter wird ein Vertrag abgeschlossen, der die Entschädigung und die Sozialversicherungsabgaben regelt. Zudem übernimmt der Verein den ganzen «Zahlungsverkehr». Das entlastet die Beziehung zwischen den Eltern und der Tagesmutter.

Die finanzielle Unterstützung dieser Organisationen durch die Gemeinden und Kantone ist sehr unterschiedlich. Entsprechend unterschiedlich sind die Kosten. Je nach Standort müssen Sie mit fünf bis zwanzig Franken pro Kind und Betreuungsstunde rechnen.

TIPP *Hilfe bei der Suche und der Wahl eines geeigneten Platzes finden Sie bei der* ***Sozialberatungsstelle*** *Ihrer Wohngemeinde oder beim Tageselternverein in Ihrer Region (Adressen unter www.kibesuisse.ch).*

Krippe, Hort und Tagesschule

In Kinderkrippen und Kindertagesstätten werden Kinder im Vorschulalter betreut. Angeboten werden solche Dienstleistungen von verschiedenen Trägerschaften: Gemeinden, Kirchgemeinden, Frauenvereinen, privaten Organisationen oder Firmen. Die Tarife sind häufig vom Einkommen der Eltern abhängig. Je mehr die Eltern verdienen, desto teurer wird der Betreuungsplatz. Attraktive Krippen führen meist eine lange Warteliste. Es lohnt sich daher, sich schon vor der Geburt des Kindes um einen Platz zu bewerben.

Kommt Ihr Kind in den Kindergarten, wechselt es von der Krippe in den Hort. Die Betreuungspersonen haben in der Regel eine pädagogische Ausbildung gemacht. Sie werden von Praktikantinnen, Lernenden oder Zivildienstleistenden unterstützt. Das Personal betreut die Kinder vor und nach der Schule und unterstützt sie auch bei den Hausaufgaben. Auch die Horttarife sind sehr unterschiedlich und oft von den finanziellen Verhältnissen der Eltern abhängig. Und auch hier müssen Eltern sich frühzeitig auf Wartelisten eintragen, damit beim Kindergarteneintritt tatsächlich ein Hortplatz frei ist.

TIPP ***Informationen über die Angebote*** *erhalten Sie bei Ihrer Gemeinde, beim Krippenverband oder im Internet unter www.kinderkrippen-online.ch und www.liliput.ch.*

Ist Ihr Kind schon älter und kann es nach der Schule auch mal allein zu Hause sein, reicht vielleicht ein Mittagstisch als Betreuung. Solche Angebote decken meist die Zeit zwischen frühestens 11 Uhr und 14 Uhr ab. Mittagstische werden von Gemeinden und einzelnen Schulhäusern angeboten, häufig aber auch von Elterngruppen privat organisiert.

In grösseren Städten gibt es schliesslich vermehrt Tagesschulen, in denen die Kinder über Mittag und nach der Schule betreut werden. Staatliche Tagesschulen sind allerdings immer noch die Ausnahme, und private Institutionen sind relativ teuer.

TIPP *Fragen Sie beim Schulamt frühzeitig nach freien Plätzen.* ***Meist gibt es Wartelisten.*** *Weitere Informationen und Adressen erhalten Sie beim Schweizerischen Verband für schulische Tagesbetreuung (www.bildung-betreuung.ch).*

Betreuung in Notfällen

Wenn Kinder krank werden, können sie weder in die Krippe noch zur Tagesmutter. Was tun, wenn beide Eltern berufstätig sind?

- Der Arbeitgeber muss Ihnen bis zu drei Tage freigeben, damit Sie Ihr krankes Kind pflegen können. Wenn nötig, können Sie in dieser Zeit vielleicht die Grosseltern oder eine Nachbarin aufbieten.
- Verschiedene Sektionen des Schweizerischen Roten Kreuzes bieten bei solchen Engpässen einen Kinderhütedienst an. Der Tarif für diese Dienstleistung ist abhängig vom Einkommen der Eltern und auch kantonal unterschiedlich geregelt. Mehr Informationen erhalten Sie unter www.redcross.ch (→ Für Sie da → Entlastung → Kinderbetreuung zu Hause).

Kinder und Finanzen

Klar: Kinder lassen sich nicht auf einen Kostenfaktor reduzieren, ein paar Gedanken sind die finanziellen Aspekte aber schon wert. Denn Kinder kosten Zeit und Geld. Einerseits sind da die effektiven Auslagen, zum Beispiel für Nahrung, Unterkunft, Kleider, Gesundheit und Ausbildung. Anderseits kosten Kinder auch Zeit, die vor allem von den Frauen aufgewendet wird – oft auf Kosten ihrer Erwerbstätigkeit und ihrer Karrieremöglichkeiten.

Wie hoch die direkten Kinderkosten ausfallen, zeigt eine Studie, die im Auftrag der Zentralstelle für Familienfragen des Bundesamts für Sozialversicherungen durchgeführt wurde: In einem Haushalt mit durchschnittlichem Einkommen betragen die Auslagen für ein Kind von seiner Geburt bis zum 20. Geburtstag rund 340 000 Franken. Weitere Kinder kosten zwischen 150 000 und 180 000 Franken. Eines von mehreren Kindern kommt so pro Monat auf rund 1100 Franken zu stehen, ein Einzelkind auf mindestens 1400 Franken.

Ist das erste Kind da, reduzieren viele Mütter und auch einige Väter ihre Erwerbstätigkeit zugunsten der Familie und büssen so einen Teil ihres Einkommens ein. Auch verschlechtern sich dadurch die Aufstiegs- und Lohnchancen. Zählt man diese indirekten Kinderkosten zu den direkten hinzu, kostet ein Kind, bis es erwachsen ist, zwischen einer halben und einer ganzen Million Franken.

Familienzulagen: Zustupf vom Staat

Gemäss dem Bundesgesetz über die Familienzulagen (FamZG) können alle angestellten und selbständigerwerbenden Väter oder Mütter für ihre Kinder bis zum 16. Geburtstag eine Familienzulage von mindestens 200 Franken pro Monat beziehen. Für Kinder in Ausbildung gibt es bis zum 25. Geburtstag eine Zulage von mindestens 250 Franken pro Monat.

Auch nicht erwerbstätige Eltern können unter gewissen Voraussetzungen Familienzulagen erhalten. Unter anderem darf ihr steuerbares Einkommen die Grenze von 44 100 Franken nicht übersteigen (Stand 2023). In einzelnen Kantonen gelten grosszügigere Regeln, insbesondere können die Kantone auch höhere Zulagen festlegen. Eine spezielle Regelung gilt für Eltern, die in der Landwirtschaft tätig sind.

TIPP *Einzelne Kantone unterstützen Eltern mit weiteren Leistungen. Fragen Sie beim Sozialdienst Ihrer Wohngemeinde nach. Ausführliche* ***Informationen zu den Familienzulagen*** *und Links zu den kantonalen Gesetzen finden Sie unter www.bsv.admin.ch (→ Sozialversicherungen → Familienzulagen).*

Pro Kind darf nur eine Zulage bezogen werden. Sind beide Elternteile zum Bezug berechtigt – zum Beispiel weil beide berufstätig sind –, bestehen schweizweit einheitliche Koordinationsbestimmungen.

Der Unterhaltsvertrag

Bis zum 1. Juli 2014 war ein Unterhaltsvertrag für unverheiratete Eltern in der Regel ein Muss. Einzelne Behörden verlangten allerdings keine konkreten Zahlen mehr, wenn die Eltern das gemeinsame Sorgerecht vereinbart hatten und zusammenlebten. Heute steht es den Eltern frei, ob sie einen Unterhaltsvertrag abschliessen wollen. Nach wie vor aber gilt: Kinder haben Anspruch auf Unterhalt, und zwar von beiden Eltern. Zum Unterhalt gehören vor allem die Kosten für Ernährung, Bekleidung, Unterkunft, Schulung, Gesundheit, Betreuung und Erziehung. Die Eltern sind verpflichtet, für die Kinderkosten im Rahmen ihrer finanziellen Möglichkeiten aufzukommen.

Von Vorteil ist ein Unterhaltsvertrag vor allem für den Fall einer späteren strittigen Trennung. Der Elternteil, der die Kinder betreut, kann dann die vereinbarten Kinderalimente sofort eintreiben und allenfalls von der Gemeinde bevorschussen lassen. Ohne Unterhaltsvertrag muss das Gericht auf Klage hin die geschuldeten Kinderalimente festlegen. Und das passiert jeweils nicht von heute auf morgen.

Trennt sich ein Paar im Frieden und passt der ursprünglich vereinbarte Kinderunterhalt nicht mehr, können die Eltern ihn jederzeit anpassen. Im Unterhaltsvertrag können Eltern auch explizit abmachen, dass eine bestimmte Summe ab der Trennung vorerst gilt, bis sie sich auf eine andere Summe einigen oder das Gericht im Streitfall den Kinderunterhalt entsprechend den Verhältnissen im Trennungszeitpunkt festlegt.

ACHTUNG *Der Unterhaltsvertrag – wie auch eine spätere Abänderung – ist nur gültig, wenn Sie ihn von der Kesb genehmigen lassen.* ***Formulierungshilfen finden Sie im Anhang*** *(Seite 203). Auch die Kesb berät und unterstützt Sie beim Abfassen des Unterhaltsvertrags für Ihr Kind.*

Gut zu wissen: Werden die vereinbarten und behördlich genehmigten Unterhaltsbeiträge ausgezahlt, können Eltern, die kein gemeinsames Sorgerecht haben, Steuern sparen – dies mit dem Segen des Bundesgerichts. Allerdings geht das nur, wenn eine Seite das Sorgerecht allein innehat, und zwar so: Die Abzüge für die Kinder werden vom tieferen Einkommen vorgenommen, in der Regel also von dem der Mutter, die die Kinder häufiger betreut. Der Vater überweist ihr den Unterhaltsbeitrag und kann diesen als Alimente in der Steuererklärung von seinem Einkommen abziehen. Zwar muss die Mutter ihrerseits den Betrag versteuern, doch bei ihrem tiefen Einkommen wirkt sich die Progression nicht so stark aus – insgesamt liefert das Paar weniger Steuern ab (Urteil 2A.37/2006 vom 1. September 2006; 2C_242/2010 vom 30. Juni 2010).

So berechnen Sie den Unterhalt

Das Kindesunterhaltsrecht wurde per 1. Januar 2017 revidiert – hier die wichtigsten Neuerungen:

- Die Kosten für die Kinderbetreuung durch einen Elternteil oder durch Dritte, etwa die Kinderkrippe, werden bei der Bemessung des Kinderunterhaltsbeitrags berücksichtigt.
- Der Unterhalt für minderjährige Kinder hat Vorrang vor allen anderen familienrechtlichen Unterhaltspflichten wie zum Beispiel Ausbildungsunterhalt für volljährige Kinder, Ehegattenalimenten und Verwandtenunterstützung.
- Bei Mankofällen – wenn nicht genügende Kinderalimente geleistet werden können – hat das Kind ein Nachforderungsrecht, falls sich die Finanzen des unterhaltspflichtigen Elternteils nachträglich ausserordentlich verbessern. Dieses Recht ist beschränkt auf die letzten fünf Jahre.

Nach wie vor schreibt das Gesetz keine festen Zahlen und auch keine bestimmte Berechnungsmethode vor. Das Bundesgericht hat aber in wegweisenden Entscheiden zwischen 2018 und 2020 Leitplanken für die Berechnung im Streitfall aufgestellt (BGE 147 III 265; BGE 144 III 377; BGE 144 III 481). Nutzen Sie die Gelegenheit, sich Gedanken zu machen zu einer für Ihre Familienverhältnisse massgeschneiderten Absicherung für das Kind und den Elternteil, der es hauptsächlich betreut – und zwar jetzt, wo Sie das gemeinsam und in Minne tun können. Die folgenden Ausführungen und Berechnungsbeispiele können Ihnen dafür als Leitplanke dienen.

Laut Gesetz soll der Kinderunterhalt den Bedürfnissen des Kindes sowie der Lebensstellung und der finanziellen Leistungsfähigkeit der Eltern entsprechen. Vermögen und Einkünfte des Kindes sowie die Beteiligung der Eltern an der Betreuung sind zu berücksichtigen. Damit haben die Behörden im Streitfall einen sehr grossen Ermessensspielraum. Dementsprechend variieren die Beträge auch von Stelle zu Stelle. Folgende Grundsätze werden aber grundsätzlich überall beachtet:

- Je höher das Einkommen der Eltern, desto höher sind die Unterhaltsbeiträge. Unterste Grenze für die Festlegung eines Kinderunterhalts ist das soziale Existenzminimum. Wer darunter lebt, also Sozialhilfe beanspruchen könnte, muss keine Alimente zahlen.
- Die Unterhaltsbeiträge sind an die Teuerung anzupassen.
- Die Unterhaltsbeiträge werden gestaffelt – meist in drei Lebensphasen: bis zum 6. Geburtstag des Kindes, bis zum 12. und bis zum 18. Geburtstag.
- Bezieht der oder die Unterhaltspflichtige Familienzulagen, sind diese zusätzlich zum Unterhaltsbeitrag zu zahlen.

Natural-, Bar- und Betreuungsunterhalt

Der Kinderunterhalt ist nicht einfach ein Pauschalbetrag – er setzt sich aus drei Teilen zusammen:

- **Naturalunterhalt:** Dieser entspricht der direkten Betreuung und Pflege durch die Eltern. Eltern mit kleinen Kindern wissen, dass dies praktisch ein 24-Stunden-Job ist.
- **Barunterhalt:** Das sind die effektiven Auslagen für Ernährung, Bekleidung, Unterkunft, Krankenkasse, Gesundheitskosten, Schulung, Kommunikation, Taschengeld und Freizeit sowie eine allfällige Fremdbetreuung.
- **Betreuungsunterhalt:** Dieser Teil soll die Leistung des Elternteils abgelten, der die Kinder unter der Woche vorwiegend oder allein betreut und deshalb seinen Lebensunterhalt nicht selber finanzieren kann.

Der Barunterhalt und der Betreuungsunterhalt ergeben zusammen die Kinderalimente, die gezahlt werden müssen. Beim Barunterhalt wird berücksichtigt, wer von den Eltern das Kind ausserhalb der Arbeitszeiten mehrheitlich betreut (Naturalunterhalt). Er oder sie soll sich weniger oder gar nicht am Barunterhalt (Kinderkosten) beteiligen müssen. Das gilt zum Beispiel auch für den Vater, der die Kinder regelmässig über Nacht oder am Wochenende bei sich hat.

Wie wird der Barunterhalt berechnet?

Für den Barunterhalt des Kindes ist eine konkrete Grundbedarfsrechnung zu machen. Der Bedarf des Kindes besteht dabei im Minimum aus dem sogenannten betreibungsrechtlichen Existenzminimum:

- einem Grundbetrag für die täglichen Ausgaben gemäss den betreibungsrechtlichen Richtlinien der Schweizerischen Konferenz für Betreibungs- und Konkursbeamte von 400 Franken für jedes Kind bis zu einem Alter von 10 Jahren respektive von 600 Franken für jedes Kind über 10 Jahre
- einem Wohnkostenanteil des Kindes
- den Krankenkassenkosten
- den Schulkosten
- allfälligen besonderen Gesundheitskosten
- allfälligen Fremdbetreuungskosten

Soweit es die finanziellen Mittel zulassen, erweitert man auf das grosszügigere familienrechtliche Existenzminimum. Hinzu kommen etwa:

- die Steuern, die auf die Kinderalimente entfallen
- über die Grundversicherung hinausgehende Krankenkassenkosten

Wenn auch nach Deckung des familienrechtlichen Existenzminimums aller Beteiligten immer noch finanzielle Mittel übrigbleiben, ist dem Kind zusätzlich ein Anteil an diesem sogenannten Überschuss zuzuteilen. Daraus sind dann weitere Auslagen für das Kind wie beispielsweise Reisen, Hobbys und Ähnliches mehr zu begleichen.

Wie wird der Betreuungsunterhalt berechnet?

Für die Berechnung des Betreuungsunterhalts ist ebenfalls vom betreibungsrechtlichen bzw. – soweit es die Verhältnisse erlauben – vom familienrechtlichen Existenzminimum des betreuenden Elternteils auszugehen. Der Bedarf des betreuenden Elternteils berechnet sich also grundsätzlich aus:

- dem Grundbetrag für die alltäglichen Ausgaben gemäss den betreibungsrechtlichen Richtlinien
- den Wohnkosten
- den Krankenkassenkosten
- den Kosten für die Hausrat- und Haftpflichtversicherung
- den Kommunikationskosten

- den Berufsauslagen (ÖV und auswärtige Verpflegung)
- den Steuern

Kann der betreuende Elternteil sein so berechnetes familienrechtliches Existenzminimum nicht mit seinem eigenen Einkommen decken, ist im Umfang des Fehlbetrags Betreuungsunterhalt geschuldet (sogenannte Lebenskostenmethode). Kann oder könnte er dagegen mit seinem Einkommen seinen Bedarf decken, gibt es keinen Betreuungsunterhalt.

Betreuungsunterhalt abhängig vom Alter des Kindes

Das Bundesgericht hat im Herbst 2018 auch die bisherige 10/16-Regel verschärft. Dabei geht es um die Frage, wie lange und in welchem Ausmass der Betreuungsunterhalt geschuldet ist. Neu gilt das Schulstufenmodell:

- Bis zur obligatorischen Einschulung des jüngsten Kindes – je nach Kanton ab Kindergarten oder ab Primarschule – wird vom betreuenden Elternteil grundsätzlich keine Erwerbstätigkeit verlangt.
- Ab Schuleintritt des jüngsten Kindes gilt eine Erwerbstätigkeit von 50 Prozent als zumutbar, ab Eintritt in die Sekundarstufe (mit etwa 12 Jahren) eine solche von 80 Prozent.
- Ist das jüngste Kind 16 Jahre alt, muss der betreuende Elternteil ein 100-Prozent-Pensum übernehmen.

Wie bis anhin können die Gerichte von dieser Richtlinie im Einzelfall abweichen, sofern es ausreichend Gründe gibt – etwa wenn mehrere Kinder zu betreuen sind oder wenn ein Kind besonders viel Betreuung benötigt.

Bei alternierender Obhut – wenn beide Elternteile die Kinder ungefähr gleich oft betreuen – ist meist kein Betreuungsunterhalt geschuldet. Ausnahme: Wenn einer seine Lebenshaltungskosten mit seinem Einkommen nicht decken kann und der andere leistungsfähig ist.

Unterhaltsberechnung – Beispiele

DIE ELTERN DES DREIJÄHRIGEN LUCA sind nicht verheiratet. Die Mutter arbeitet 60 Prozent, daneben betreut sie Luca mehrheitlich. Sie verdient 2800 Franken. Der Vater verdient mit einem vollen Pensum 6800 Franken. Die Krippe, die Luca während der Arbeitszeit der Mutter besucht, kostet 750 Franken.

UNTERHALTSBERECHNUNG FÜR LUCA (BAR- UND BETREUUNGSUNTERHALT)

	Mutter	Vater	Luca	Total Familie
Einkommen (netto inkl. Bonus oder 13. Monatslohn)	**2800**	**6800**	**200** [1]	**9800**
Grundbedarf laut kantonaler Richtlinie	1350 [2]	1200 [2]	400 [2]	
Miete	1500	1400	500 [3]	
Mietanteil Luca	–500 [3]			
Krankenkasse	350	350	100	
Versicherungen/Kommunikation	100	100		
Berufskosten (auswärtige Verpflegung und Wegkosten)	180	280		
Steuern	350	500	50 [4]	
Steueranteil Luca	–50 [4]			
Weitere Kinderkosten (hier Kinderkrippe)			750	
Total Lebensbedarf	**3280**	**3830**	**1800**	**8910**
Einkommen minus Lebensbedarf	**–480** (Manko)	**2970**	**–1600** (Manko)	**890**
Überschuss Vater		890 [5]		
Überschuss (verteilt auf Vater und Luca)		600	290	
Barunterhalt Luca			1890 [6]	
Betreuungsunterhalt Luca = Manko Mutter			480 [7]	
Total Kinderunterhalt			**2370**	

1) Kinderzulage.

2) Grundbedarf nach Richtlinien der Schweizerischen Konferenz der Betreibungs- und Konkursbeamten zur Berechnung des betreibungsrechtlichen Existenzminimums. Es wird darin unterschieden zwischen alleinstehenden und alleinerziehenden Personen und Kindern bis 10 Jahre und über 10 Jahre.

3) Anteil Miete, der Luca vom Mietzins seiner Mutter zugeteilt wird. Aufteilung Miete nach grossen und kleinen Köpfen, hier ⅓.

4) Steueranteil Luca (die Mutter muss die Alimente, die sie für ihn erhält, versteuern, daher Abzug bei ihr).

5) Was dem Vater bleibt nach Deckung seines familienrechtlichen Existenzminimums sowie des Mankos bei der Mutter und bei Luca. Aufteilung nach grossen und kleinen Köpfen zwischen ihm und seinem Sohn. Die Mutter ist nicht überschussbeteiligt, da nicht verheiratet.

6) Lebensbedarf (familienrechtliches Existenzminimum) von Luca plus Anteil am Überschuss des Vaters minus eigene Einkünfte (Kinderzulagen).

7) Differenz zwischen Lebensbedarf (familienrechtliches Existenzminimum) des hauptbetreuenden Elternteils und seines Einkommens (= Lebenshaltungskostenmethode).

Kommt Luca in den Kindergarten, wird von seiner Mutter eine Erwerbstätigkeit von 50 Prozent verlangt. Da sie schon zu 60 Prozent berufstätig war, ändert sich nichts an der Berechnung des Betreuungsunterhalts. Beim Barunterhalt muss geprüft werden, ob eine Anpassung nötig ist, etwa wenn die Hortkosten viel tiefer sein sollten als die bisherigen Krippenkosten.

KOMMT LUCA IN DIE OBERSTUFE – je nach Kanton mit etwa zwölf Jahren –, wird erwartet, dass die Mutter auf ein 80-Prozent-Pensum aufstockt. Rechnet man ihr Einkommen auf 80 Prozent hoch, ist kein Betreuungsunterhalt mehr geschuldet. Der Unterhaltsbeitrag für Luca besteht deshalb lediglich aus dem Barunterhalt und einem Anteil am Überschuss des Vaters und beträgt noch 1850 Franken (die detaillierte Berechnung finden Sie im Anhang).

Kein Betreuungsunterhalt für Gutverdienende?

Würde Lucas Mutter mit ihrem Pensum von 60 Prozent zum Beispiel 4000 Franken verdienen, wäre nach dem Modell des Bundesgerichts von Anfang an gar kein Betreuungsunterhalt mehr geschuldet.

Aber selbstverständlich dürfen Sie, wenn es Ihre Finanzen zulassen, den Kinderunterhalt grosszügiger bemessen. So könnte zum Beispiel der finanziell stärkere Vater weiterhin den gesamten Barunterhalt übernehmen und dem Kind einen grösseren Anteil am Überschuss überlassen. Zudem könnte der Ex-Partner ebenfalls freiwillig der kinderbetreuenden Mutter einen pauschalen Unterhaltsbeitrag für sie persönlich auszahlen (siehe Kasten). Dies vor allem auch deshalb, weil Teilzeitarbeit bei der Altersvorsorge zu Einbussen führt und die Karrierechancen beeinträchtigt.

MUSTERTEXT FÜR EINEN PERSÖNLICHEN UNTERHALTSBEITRAG AN DEN KINDERBETREUENDEN ELTERNTEIL

Mario Huber bezahlt Anna Peter zusätzlich zu den Kinderalimenten einen Betreuungsunterhalt für Anna persönlich von 600 Franken pro Monat. Erstmals ab dem 1. Juni 2023 bis zum 1. September 2026.

Bern, 16. Mai 2023

Mario Huber Anna Peter

Diese Abmachung muss nicht von der Kesb genehmigt werden.

Und wenn die Finanzen knapp sind?

Wenn das Geld nicht für den nötigen Kinderunterhalt reicht, spricht man von Mankofällen. Die Grenze für die Festsetzung von Kinderalimenten ist – wie schon unter der bisherigen Rechtsprechung – das Existenzminimum des unterhaltspflichtigen Elternteils: Wer nicht zahlungsfähig ist, muss gar keine Alimente zahlen. Wer mehr als das Existenzminimum zur Verfügung hat, zahlt wenigstens den Überschuss, also die Differenz zwischen dem Nettolohn und dem Existenzminimum.

ANGENOMMEN, DER VATER VON LUCA aus dem Beispiel auf Seite 131 verdient statt 6800 nur 4500 Franken. Dann bleibt ein Manko, das zulasten von Mutter und Sohn geht (siehe Kasten).

UNTERHALTSBERECHNUNG FÜR LUCA – MANKOSITUATION

	Mutter	Vater	Luca	Total Familie
Einkommen (netto inkl. Bonus oder 13. Monatslohn)	**2800**	**4500**	**200**	**7500**
Grundbedarf laut kantonaler Richtlinie	1350	1200	400	
Miete	1500	1400	500	
Mietanteil Luca	–500			
Krankenkasse	350	350	100	
Versicherungen/Kommunikation (da Mankofall nicht berücksichtigt)	–	–	–	
Berufskosten (auswärtige Verpflegung und Wegkosten)	180	280		
Steuern (da Mankofall nicht berücksichtigt)	–	–	–	
Weitere Kinderkosten (hier Kinderkrippe)			750	
Total Lebensbedarf	**2880**	**3230**	**1750**	**7860**
Einkommen minus Lebensbedarf	**–80** (Manko)	**1270**	**–1550** (Manko)	**–360**
Kein Manko für Vater				
Manko tragen die Mutter und Luca	**–80**	**0**	**–280**	
Barunterhalt Luca			1270	
Betreuungsunterhalt Luca = Manko Mutter			0	
Total Kinderunterhalt			**1270**	

Kann ein Elternteil nicht genug Alimente zahlen, sollten Sie denjenigen Betrag festhalten, der zur Deckung des Unterhalts für das Kind fehlt – sei das im Urteil oder im Unterhaltsvertrag. Verbessern sich die Finanzen des zahlungspflichtigen Elternteils im Nachhinein spürbar, kann das Kind – respektive die Mutter an seiner Stelle – nicht nur eine Erhöhung für die künftigen Alimente verlangen, sondern auch eine Nachzahlung. Eine solche ist allerdings begrenzt auf die letzten fünf Jahre, sie muss innert Jahresfrist seit Kenntnis der verbesserten Finanzlage geltend gemacht werden.

Ausserordentliche Kinderkosten nicht vergessen

Im Kinderunterhalt sind nur die alltäglichen Kosten enthalten: Unterkunft, Essen, Kleider, Krankenkasse etc. Entstehen unvorhergesehene ausserordentliche Kinderkosten, müssen die Eltern diese laut Gesetz zusätzlich übernehmen. Welche Kosten das sind, sagt das Gesetz nicht; die juristischen Kommentare nennen die Kosten für die Anschaffung eines Musikinstruments, für Zahnkorrekturen oder für schulischen Nachhilfeunterricht.

TIPP *Um Streit zu vermeiden, sollten Sie* ***im Unterhaltsvertrag festhalten,*** *welche Auslagen Sie als ausserordentliche Kinderkosten anerkennen und nach welchem Schlüssel diese verteilt werden.*

Kann man den Unterhaltsbeitrag später abändern?

Ist der Unterhalt berechnet, der Unterhaltsvertrag unterzeichnet, ist eine spätere Abänderung problemlos möglich, sofern beide Eltern einverstanden sind. Wenn nicht, lässt das Gesetz eine Anpassung nur zu, wenn sich die Verhältnisse wesentlich verändert haben. Deshalb müssen die Grundlagen, von denen bei der Berechnung ausgegangen wurde, unbedingt im Unterhaltsvertrag festgehalten werden:

- Einkommen und Vermögen der Eltern
- Bedarf des Kindes (ist er höher als die maximal zahlbaren Alimente, sollte auch der Fehlbetrag vermerkt werden)
- Betreuungsanteile der Eltern

INFO *Noch unter dem alten Recht festgelegte Kinderunterhaltsbeiträge von nicht verheirateten Eltern können seit dem 1. Januar 2017* ***dem neuen Recht angepasst*** *werden. Dafür muss man keine veränderten Verhältnisse nachweisen.*

«Stiefkinder» im Konkubinat

Bringt ein Elternteil Kinder aus einer früheren Beziehung in die Ehe, spricht das Gesetz von Stiefkindern und Stiefeltern. Zwischen dem Stiefkind und dem Stiefelternteil besteht zumindest eine lose Rechtsbeziehung. Insbesondere ist ein Stiefvater verpflichtet, seine Frau bei der Ausübung der elterlichen Sorge zu unterstützen und im Notfall für den Unterhalt des Stiefkinds aufzukommen. In der nichtehelichen Lebensgemeinschaft ist das anders.

Zwischen dem Kind und dem Lebenspartner, der Lebenspartnerin einer Mutter, eines Vaters gibt es keine gesetzliche Beziehung. Das Stiefkind hat gegenüber dem Stiefelternteil keine Rechtsansprüche. Das würde sich nur mit einer Stiefkindadoption ändern. Seit dem 1. Januar 2018 können auch Unverheiratete die Kinder des Partners, der Partnerin adoptieren, wenn sie mindestens drei Jahre mit ihnen zusammengelebt haben.

Der Unterhalt für das Kind

Kinder haben Anspruch auf einen angemessenen Unterhalt. Leben sie nicht mit den Eltern im selben Haushalt, leistet der Elternteil, der die Kinder nicht bei sich hat, seinen Beitrag in Form von Geldzahlungen. Daran ändert sich nichts, wenn ein neuer Partner, eine neue Partnerin in die Wohnung des Elternteils mit den Kindern einzieht.

Die Kinderalimente dürfen Sie für den laufenden Unterhalt des Kindes verwenden: für Ernährung, Unterkunft, Kleider, Krankenkassenprämien, Arztrechnungen, Schul- und Ausbildungskosten oder den Sportklub. Die Kinderalimente sind nicht zum Sparen da, sie sollen in die Haushaltskasse fliessen. Dasselbe gilt für Familienzulagen und allfällige Kinderrenten.

INFO *Durch die Wohngemeinschaft entstehen zwar keine Rechte und Pflichten zwischen dem Kind und dem Lebenspartner der Mutter. Trotzdem* ***kann dieser durch die Umstände gezwungen werden, für den Lebensunterhalt des Kindes seiner Partnerin***

***aufzukommen** – etwa wenn der leibliche Vater die Alimente nicht zahlt oder wenn Mutter und Kind Sozialhilfe beziehen (siehe Seite 99).*

Besuchsrecht – ein Störfaktor?

Leben die Kinder Ihrer Partnerin in Ihrem gemeinsamen Haushalt, werden sie in der Regel alle 14 Tage das Wochenende bei ihrem Vater verbringen. Leben die Kinder Ihres Partners umgekehrt bei der Mutter, werden sie regelmässig bei Ihnen zu Besuch sein. Meist klappt das Besuchsrecht ohne grössere Probleme. Sind ausgerechnet Sie von der Ausnahme betroffen, lohnt es sich, den Kindern und Ihrer Partnerschaft zuliebe öfters mal fünf gerade sein zu lassen.

STEFAN HAT HELEN wegen Nicole verlassen. Helen findet es gut, dass der Vater den einjährigen Bela jeden Samstagnachmittag zu sich nimmt. Sie verbietet ihm aber strikte, dieses «Luder» Nicole auch nur in die Nähe ihres Sohnes zu lassen.

Aus rechtlicher Sicht kann Helen Stefan nicht daran hindern, dass er seinen Sohn mit der neuen Lebenspartnerin zusammenkommen lässt. Die juristische Schiene hilft aber nicht wirklich weiter. Besser ist es, wenn der Vater sein Besuchsrecht vorläufig allein wahrnimmt, bis Helen den Schock über die Trennung hat verarbeiten können.

WENN DER SORGEBERECHTIGTE ELTERNTEIL STIRBT

Stirbt die sorgeberechtigte Mutter (oder der Vater) eines nicht gemeinsamen Kindes, wählt die Kesb aus verschiedenen Möglichkeiten diejenige aus, die dem Kindeswohl am meisten dient. Sie kann den neuen Partner der Mutter zum Vormund ernennen. Oder das Kind erhält einen Amtsvormund, bleibt aber in der Obhut des «Stiefvaters» und lebt weiter im bisherigen Haushalt. Möglich ist auch, dass der leibliche Vater das Sorgerecht erhält.

Soll Ihr Partner sich nach Ihrem Tod weiterhin um Ihr Kind kümmern? Mit einem vorsorglichen Schreiben an die Kesb können Sie den Entscheid beeinflussen (einen Mustertext finden Sie im Anhang, Seite 202). Ihr Wunsch wird berücksichtigt, wenn dies die beste Lösung für Ihr Kind ist.

INFO *Welche Regeln gelten,* ***wenn das Besuchsrecht ausfällt*** *oder wenn die Kinder die Besuche verweigern, lesen Sie in Kapitel 8 (Seite 184).*

Umteilung der Obhut

Wer die Obhut über ein Kind hat, trifft die alltäglichen Entscheidungen: wann es ins Bett geht, wann es die Hausaufgaben macht, wie es sich kleidet, was es essen und trinken darf. Sollen die Kinder neu anstatt beim Vater bei der Mutter leben oder umgekehrt, spricht man von der Umteilung der Obhut. Ein solcher Wechsel wird etwa zum Thema, wenn:

- die Kinder mit dem neuen Lebenspartner der Mutter nicht zurechtkommen.
- der Elternteil, bei dem die Kinder wohnen, sie nicht mehr bei sich haben kann oder wenn er stirbt.
- der nicht obhutsberechtigte Elternteil den Sohn oder die Tochter zu sich holen will.

DIE 16-JÄHRIGE XENIA wohnt seit der Trennung ihrer Eltern bei der Mutter Leonora in St. Gallen. Leonora erhält einen Superjob in Genf angeboten und wird dorthin ziehen. Weil Xenia eben erst ihre Lehrstelle in St. Gallen angetreten hat und dort auch gut verwurzelt ist, finden es alle Beteiligten am besten, wenn das Mädchen in Zukunft beim Vater wohnt, der mit seiner neuen Partnerin in der Nähe von St. Gallen lebt.

Sind die Eltern mit einem Wechsel der Obhut einverstanden, ist meist auch eine Anpassung der Kinderalimente nötig. Die neuen Abmachungen sind rechtlich erst gültig, wenn sie von der Kindes- und Erwachsenenschutzbehörde (Kesb) am bisherigen Wohnort der Kinder genehmigt wurden.

Gegen den Willen des obhutsberechtigten Elternteils ist eine Umteilung der Obhut und eine Änderung der Kinderalimente nur über das Gericht zu erreichen. Kinder ab sechs Jahren haben in diesen Verfahren ein Anhörungsrecht.

Füreinander vorsorgen

6

Über den Tod denkt niemand gern nach. Wohl deshalb hinterlassen die meisten Menschen keine erbrechtlichen Anordnungen. Gerade Lebenspartner sollten sich aber überlegen, wie sie ihren Nachlass ordnen wollen. Und sind Sie schon beim Thema, machen Sie sich doch auch noch Gedanken zu Ihrer eigenen Beerdigung. Mit wenig Aufwand lassen sich hässliche Streitereien vermeiden.

Mangelnder gesetzlicher Schutz

Wollen Sie Ihre Partnerin, Ihren Partner für den Todesfall absichern, lohnt es sich, frühzeitig Regelungen zu treffen. Nach dem schweizerischen Erbrecht hat der hinterbliebene Lebenspartner nämlich keinen automatischen Erbanspruch.

Die Sozialversicherungen sehen ebenfalls keine Leistungen an Konkubinatspartner vor, etwa eine Witwenrente. Das gilt auch dann, wenn ein Paar viele Jahre zusammengelebt hat und gemeinsame Kinder da sind.

Die gesetzliche Erbfolge

Das Zivilgesetzbuch regelt nach der sogenannten Stammesordnung, wer zum Kreis der gesetzlichen Erben gehört. Diese gesetzliche Regelung gilt automatisch, wenn die verstorbene Person keine eigenen Anordnungen in einem Testament oder Erbvertrag getroffen hat.

- Zum ersten Stamm gehören die Nachkommen der verstorbenen Person.
- Zum zweiten Stamm gehören die Eltern sowie deren Nachfahren, also Geschwister, Nichten und Neffen.
- Zum dritten Stamm gehören die Grosseltern sowie deren Nachfahren, also Tanten, Onkel, Cousinen und Cousins.
- Fehlen Verwandte aller drei Stämme, erbt der Wohnsitzkanton.

Dabei gilt eine klare Rangliste: Verwandte des elterlichen Stammes erben nur, wenn keine Nachkommen da sind. Verwandte des grosselterlichen Stammes erben nur, wenn die verstorbene Person keine Nachkommen und keine Verwandten des elterlichen Stammes hinterlässt. Innerhalb des gleichen Stammes gilt in erster Linie das Eintrittsprinzip.

DER KINDERLOSE HERMANN STIRBT. Er hinterlässt als nächste Verwandte seine Mutter und seine Schwester. Die Schwester erbt nur, weil der Vater schon vor ihr verstorben ist. Sie tritt an dessen Stelle ein.

Hinterlässt ein bereits verstorbener Erbe keine Nachkommen, gilt das Anwachsungsprinzip. Hätte Hermann im obigen Beispiel keine Geschwister, würde seine Mutter alles erben. Der Anteil des vorverstorbenen Vaters würde also bei ihr anwachsen.

Und die Partner?
Eheleute gehören immer zum Kreis der gesetzlichen Erben. Sie haben mit den Nachkommen zu teilen oder, wenn keine gemeinsamen Kinder da sind, mit den Erben des elterlichen Stammes. Sind weder aus dem ersten noch aus dem zweiten Stamm Erben vorhanden, erbt der Ehemann, die Gattin allein. Diese Regelung gilt seit dem 1. Januar 2007 auch für gleichgeschlechtliche Paare, die ihre Partnerschaft haben eintragen lassen. Andere Lebenspartner gehören dagegen nicht zum Kreis der gesetzlichen Erben.

Keine obligatorischen Witwen- und Witwerrenten

Die AHV – wie auch die Unfallversicherung – kennt keine Witwen- oder Witwerrente für Konkubinatspartner. Es ist auch nicht möglich, dies vertraglich zu ändern. Hat das Paar gemeinsame Kinder, erhalten diese beim Tod eines Elternteils eine Waisenrente – und zwar bis zum 18. Geburtstag oder, wenn sie dann noch in Ausbildung sind, bis spätestens 25.

Auch in der 2. Säule schreibt das Bundesgesetz über die berufliche Vorsorge (BVG) keine Leistungen an die Konkubinatspartnerin oder den Lebensgefährten vor. Immerhin dürfen die Pensionskassen in ihrem Reglement freiwillig eine Absicherung für Konkubinatspaare vorsehen. Dann kann auch der überlebende Lebensgefährte eine Rente oder eine Kapitalabfindung erhalten.

TIPP *Studieren Sie das* ***Reglement Ihrer Pensionskasse*** *oder fragen Sie bei der Personalabteilung nach (mehr dazu* *auf Seite 149**).*

Sich gegenseitig begünstigen

Soll Ihr Partner, Ihre Partnerin dereinst erben, müssen Sie ein Testament oder einen Erbvertrag verfassen. Allerdings fallen in den meisten Kantonen Erbschaftssteuern an.

Eine Begünstigung der Liebsten ist je nach Pensionskassenreglement auch in der 2. Säule möglich. Ebenso können Sie oft Guthaben der 2. Säule, die auf einem Freizügigkeitskonto oder in einer Freizügigkeitspolice liegen, sowie Guthaben der Säule 3a Ihrem Partner, Ihrer Partnerin zukommen lassen. Auch eine Todesfallversicherung kann Lücken schliessen.

Pflichtteile berücksichtigen

Im Testament oder Erbvertrag können Sie von der gesetzlichen Erbfolge abweichen. Ihre Verfügungsfreiheit ist jedoch eingeschränkt: Nachkommen und ein Noch-Ehegatte haben das Recht auf einen Pflichtteil, Sie dürfen nur die verfügbare Quote frei weitergeben (siehe Kasten).

Eltern, Geschwister oder noch weiter entfernte Verwandte können Sie dagegen vollständig von der Erbfolge ausschliessen.

PFLICHTTEIL UND VERFÜGBARE QUOTE

Wie viel Sie Ihrem Lebenspartner, Ihrer Liebsten vererben können, hängt davon ab, wen Sie sonst noch hinterlassen.

Gesetzliche Erben	Pflichtteil	Verfügbare Quote
Kinder	$^1/_2$	$^1/_2$
Noch-Ehegatte	$^1/_2$	$^1/_2$
Eltern *und* Noch-Ehegatte	Eltern 0 Noch-Ehegatte $^3/_8$	$^5/_8$
Kinder *und* Noch-Ehegattin	Kinder $^1/_4$ Noch-Ehegattin $^1/_4$	$^1/_2$

Bei Todesfällen vor dem 1.1.2023 gelten noch die alten Pflichtteile. Kinder konnten im Minimum auf ¾ ihres gesetzlichen Anteils bestehen. Der überlebende Ehegatte und bei kinderlosen Verstorbenen die Eltern hatten die Hälfte ihres gesetzlichen Anteils zu gut.

INFO ***Ein Testament, das Pflichtteile verletzt, ist nicht automatisch ungültig.*** *Es tritt in Kraft, wenn die betroffenen Erben nicht innert eines Jahres klagen. Wenn Sie also zum Beispiel sicher sind, dass Ihre Kinder nicht auf dem Pflichtteil bestehen werden, können Sie die Lebenspartnerin im Testament als Alleinerbin einsetzen. Gerechnet wird übrigens ab dem Zeitpunkt, zu dem ein Erbe von der Verletzung seiner Pflichtteile erfahren hat. Sind seit dem Tod mehr als zehn Jahre vergangen, ist die Klage definitiv verspätet, auch wenn der Erbe erst nachher von der Pflichtteilsverletzung erfährt.*

Eine vollständige Enterbung von pflichtteilsgeschützten Erben gegen ihren Willen ist nur möglich, wenn diese gegen den Erblasser oder gegen eine ihm nahe verbundene Person eine Straftat begangen oder wenn sie ihre familienrechtlichen Pflichten gegenüber dem Erblasser oder einem seiner Angehörigen verletzt haben. Dass zum Beispiel Ihr Sohn aus erster Ehe keinerlei Kontakt mehr mit Ihnen will, genügt nicht für eine Enterbung.

Begünstigen mit Testament und Erbvertrag

In Ihrem Testament können Sie die Partnerin als Erbin einsetzen und im Rahmen der Pflichtteile bestimmen, wie hoch ihr Anteil am Nachlass sein soll. Wollen Sie sicherstellen, dass der Partner bestimmte Vermögenswerte auf Anrechnung an seinen Erbteil erhält, sollten Sie Teilungsregeln aufstellen (siehe Kasten auf der nächsten Seite; weitere Formulierungen finden Sie im Anhang, Seite 205).

Das Testament ist nur gültig, wenn Sie es von Anfang bis Ende von Hand niederschreiben, datieren und unterzeichnen. Möchten Sie Ihr Testament nicht selber abfassen, können Sie von einer Amtsperson – meist einer Notarin – ein öffentliches Testament aufsetzen lassen. Die beiden Testamentsarten unterscheiden sich nur in der Form. Das eine hat nicht mehr Gewicht als das andere.

TEILUNGSREGEL
Meine Partnerin Valerie G. hat das Recht, auf Anrechnung an ihren Erbteil sämtliche Einrichtungsgegenstände in unserer gemeinsamen Wohnung zu übernehmen.

TIPP *Am besten* ***bewahren Sie Ihr Testament zusammen mit anderen wichtigen Schriften auf.*** *Sie können es auch bei der zuständigen Amtsstelle an Ihrem Wohnort gegen eine Gebühr hinterlegen oder einer Vertrauensperson zur Aufbewahrung geben. Legen Sie es nicht in den Banksafe. Bis der geöffnet wird, kann es lange dauern.*

Ein Testament kann man jederzeit abändern oder vernichten. Wer sein Testament vollständig ändert, sollte im neuen Testament als Punkt 1 folgenden Satz schreiben: «Ich widerrufe sämtliche letztwilligen Verfügungen, die ich jemals getroffen habe.» Das hat den gleichen Effekt wie das tatsächliche Vernichten der bisherigen Testamentsurkunden.

Wenn Sie Ärger befürchten

Ist zu befürchten, dass die Pflichtteilserben Ihre Anordnungen nicht respektieren und die Erbteilung mit Ihrer Lebenspartnerin verzögern oder blockieren, können Sie dem einen Riegel schieben: Setzen Sie Ihre Partnerin im Testament als Willensvollstreckerin ein. Sie allein hat dann die Aufgabe, die Erbteilung nach Ihren Anordnungen vorzubereiten. Für die Verteilung an die Erben braucht es allerdings deren Einverständnis. Fehlt auch nur eine einzige Unterschrift, bleibt die Auszahlung blockiert.

Weil Ihre Partnerin als Willensvollstreckerin aber allein Zugang zu allen Ihren Konten erhält, kann sie sich notfalls auch ohne formelle Einwilligung der Miterben ihren Anteil auszahlen lassen. Aber Achtung: Wird die Aufteilung nicht korrekt vorgenommen, ist ein Willensvollstrecker schadenersatzpflichtig.

Eine weitere Möglichkeit: Setzen Sie den Lebenspartner im Testament als Alleinerben ein und gewähren Sie den Pflichtteilserben ihren Pflichtteil als Vermächtnis in Form einer Barabfindung. Dadurch wird im Erbschein nur der Partner aufgeführt, die Pflichtteilserben kommen nicht vor. Mit einem solchen Erbschein erhält der Partner Zugang zu den Bankkonten und kann auch Liegenschaften auf sich übertragen lassen.

PARTNER ALS ALLEINERBE
Ich setzte meine Lebenspartnerin Anna S. zu meiner alleinigen Erbin ein. Sollten meine Kinder ihren Pflichtteil fordern, erhalten sie ihn nur als Vermächtnis in Form einer Barabfindung.

Mehr Möglichkeiten im Erbvertrag

Der Erbvertrag bietet mehr Gestaltungsmöglichkeiten als das Testament und erlaubt damit individuell auf die Familiensituation zugeschnittene Lösungen. Zum Beispiel können die pflichtteilsgeschützten Erben ganz oder teilweise auf ihren Pflichtteil zugunsten des Konkubinatspartners verzichten. Umgekehrt kann sich der so Begünstigte gegenüber den Kindern seiner Partnerin verpflichten, ihnen etwas von seinem Nachlass zu vermachen. Niemand kann aber zum Abschluss eines Erbvertrags gezwungen werden (mehr dazu auf Seite 164).

INFO *Einen Erbvertrag kann man nur mit **Volljährigen** abschliessen. Sind Ihre Kinder noch nicht 18, haben Sie diese Möglichkeit also nicht.*

Der Erbvertrag muss bei der zuständigen Amtsstelle öffentlich beurkundet werden. In den meisten Kantonen ist das ein Notar. Eine spätere Abänderung oder Aufhebung der Abmachungen im Erbvertrag ist nur möglich, wenn alle Vertragsparteien einverstanden sind.

INFO *Die meisten Kantone erheben **von Konkubinatspartnern happige Erbschaftssteuern.** Wie hoch diese wären, können Sie online berechnen auf der Website der Eidgenössischen Steuerverwaltung: swisstaxcalculator.estv.admin.ch.*

Vermögen zu Lebzeiten verschenken

Eine finanzielle Absicherung der Lebenspartnerin ist auch durch lebzeitige Schenkungen möglich. Allerdings sind die Pflichtteile hier ebenfalls ein Thema:

ERBVERTRAG ZWISCHEN EINEM KONKUBINATSPAAR UND DER TOCHTER DER PARTNERIN

Vor dem unterzeichneten Notar, Hans M., öffentlicher Notar des Kantons Zürich, sind heute zwecks Errichtung eines Erbvertrags erschienen:

1. Frau Irina F., geboren am 20. Mai 1958, von Zürich, wohnhaft am Mattenweg 7, 8048 Zürich
2. Frau Alina K., geboren am 13. Juni 1953, von Bern, wohnhaft am Mattenweg 7, 8048 Zürich
3. Frau Gaby T., geboren am 24. November 1981, von Bern, wohnhaft an der Schlossgasse 13, 8802 Kilchberg, Tochter der Alina K.

Die Parteien haben dem unterzeichneten Notar übereinstimmend folgende Erklärungen abgegeben und ihn beauftragt, darüber die folgende Urkunde als Erbvertrag abzufassen:

I.
Alle Verfügungen von Todes wegen heben wir hiermit ausdrücklich auf.

II.
Alina K. setzt Irina F. als Vorerbin ihrer gesamten Hinterlassenschaft ein. Die Vorerbin ist nicht zur Sicherheitsleistung verpflichtet.
Ihre Tochter Gaby T. wird als Nacherbin auf den Überrest eingesetzt.

III.
Sollte Irina F. nach Alina K. versterben, erbt Gaby T. ihren gesamten Nachlass als Alleinerbin.

Zürich, 12. Oktober 2023

Alina K. Irina F. Gaby T.

Der Notar: Hans M. / Stempel / Zeugen

- Schenkungen, die in den letzten fünf Jahren vor dem Todesfall ausgerichtet wurden, werden immer zum Nachlassvermögen hinzugerechnet, um zu prüfen, ob die Pflichtteile verletzt wurden. Ist das der Fall, können die geschützten Erben das Fehlende zurückfordern. Nicht hinzugerechnet werden aber die üblichen Gelegenheitsgeschenke, etwa zu Weihnachten oder zum Geburtstag.

- Ist die Grenze von fünf Jahren überschritten, wird es für die Erben sehr schwierig, etwas zurückzuholen. Sie müssten nämlich beweisen, dass die verstorbene Person mit den Schenkungen absichtlich die Pflichtteile unterlaufen wollte.

DER VERWITWETE ERICH hinterlässt seine Partnerin Laura und Tochter Bea. Sein Nachlassvermögen beträgt nach Abzug aller Rechnungen 100 000 Franken. Vier Jahre vor seinem Tod hat Erich Laura 300 000 Franken geschenkt. Das Teilungsvermögen beträgt damit 400 000 Franken (Nettonachlass und Schenkung). Der Pflichtteil von Bea ist ½ davon, das sind 200 000 Franken. Erich hat also zu viel verschenkt. Bea kann den gesamten Nettonachlass von 100 000 Franken beanspruchen und von Laura 100 000 Franken fordern.

INFO *Schenkungen an den Lebensgefährten, die Konkubinatspartnerin unterliegen in den meisten Kantonen der* ***Schenkungssteuer.***

Begünstigung in der 2. Säule

Das Bundesgesetz über die berufliche Vorsorge (BVG) schreibt keine Leistungen an hinterbliebene Lebenspartner vor. Die Pensionskassen dürfen aber in folgenden Situationen freiwillig Todesfallleistungen an die Konkubinatspartnerin (oder den Partner) ausrichten:

- wenn die Lebensgemeinschaft mindestens fünf Jahre gedauert hat
- wenn die Partnerin für ein gemeinsames Kind sorgen muss
- wenn der verstorbene Partner zu Lebzeiten zu mindestens 50 Prozent für den Lebensbedarf seiner Partnerin aufgekommen ist

TIPP *Die Bedingungen für eine Auszahlung an den Konkubinatspartner sind je nach Pensionskasse unterschiedlich. Viele verlangen eine* ***Begünstigungserklärung.*** *Erkundigen Sie sich direkt bei Ihrer Pensionskasse, ob Leistungen an Lebenspartner ausgerichtet werden und was Sie dazu vorkehren müssen.*

Geld auf Freizügigkeitskonten oder -policen

Vorsorgeguthaben, die auf einem Freizügigkeitskonto oder in einer Freizügigkeitspolice parkiert sind, kann der überlebende Lebenspartner erhalten, wenn eine der folgenden Voraussetzungen erfüllt ist:

- Der Hinterbliebene wurde zu Lebzeiten von der verstorbenen Partnerin erheblich unterstützt. Das wäre etwa der Fall, wenn er für den Haushalt zuständig war und die verstorbene Partnerin für die Lebenskosten beider aufkam.
- Der überlebende Partner muss für den Unterhalt eines gemeinsamen Kindes aufkommen.
- Zum Todeszeitpunkt bestand die Lebensgemeinschaft seit mindestens fünf Jahren.

Ist keine dieser drei Voraussetzungen erfüllt, erhalten die nächsten gesetzlichen Erben der verstorbenen Partnerin das gesamte Guthaben. Der Lebensgefährte geht leer aus.

Erfüllt der Partner eine der drei Voraussetzungen, muss er das Freizügigkeitsguthaben allenfalls mit einem Noch-Ehemann seiner Partnerin, ihrem Ex-Mann oder ihren Kindern teilen. Das können Sie verhindern, indem Sie schriftlich gegenüber der Vorsorgeeinrichtung erklären, dass Ihr Partner – oder Ihre Partnerin – das gesamte Guthaben erhalten soll. Das Bundesamt für Sozialversicherungen ist jedoch der Meinung, dass ein Noch-Ehemann, die Ex-Frau oder die Kinder nicht ganz auf null gesetzt werden dürfen (Mitteilungen BSV 79). Im Streitfall könnte allerdings nur das Gericht diese Frage verbindlich klären. Solange das nicht der Fall ist, geht probieren über studieren. Hinterlassen Sie weder Kinder noch eine Witwe noch einen Ex-Ehegatten, müssen Sie nichts unternehmen. Damit das Geld rasch an den überlebenden Partner ausgezahlt werden kann, sollten Sie der Vorsorgeeinrichtung aber seinen Namen mitteilen.

INFO *Das Bundesgericht hat klargestellt, dass **Leistungen aus der 2. Säule nicht in den Nachlass fallen.** Selbst wenn hohe Summen an den Lebenspartner gehen, können die Erben deswegen keine Verletzung ihrer Pflichtteile geltend machen.*

Privat vorsorgen über die Säule 3a

Die private Vorsorge, auch 3. Säule genannt, wird unterteilt in die gebundene Vorsorge 3a und die freie Vorsorge 3b. In der Säule 3a ist das angesparte Altersguthaben – abgesehen von wenigen Ausnahmefällen – bis fünf Jahre vor Erreichen des ordentlichen Pensionierungsalters blockiert. Interessant bei der Säule 3a sind die steuerlichen Vorteile, denn die Einzahlungen können bis zu einem Grenzbetrag in der Steuererklärung in Abzug gebracht werden. Zur freien Vorsorge 3b zählen sämtliche Vermögenswerte, die nicht der Säule 3a zugeordnet werden können: Todesfallversicherungen, Wertschriften, Anlagefonds und Wohneigentum.

Die Begünstigung in der Säule 3a

Guthaben der Säule 3a können Sie Ihrem Partner nicht vermachen, wenn Sie noch verheiratet sind. Ist ein Konkubinatspartner nicht verheiratet, geht das Guthaben laut Gesetz an seine Partnerin, wenn eine der folgenden Voraussetzungen erfüllt ist:

- Die Partnerin wurde zu Lebzeiten vom Verstorbenen erheblich unterstützt.
- Die Partnerin muss für den Unterhalt eines gemeinsamen Kindes aufkommen.
- Zum Todeszeitpunkt bestand die Lebensgemeinschaft seit mindestens fünf Jahren.

TIPP *Nicht Pflicht, aber sinnvoll ist es, der Vorsorgeeinrichtung den* ***Namen der Lebenspartnerin, des Partners mitzuteilen.***

Haben Sie Kinder und erfüllt Ihre Lebenspartnerin eines der drei Kriterien, können Sie gegenüber der Vorsorgeeinrichtung schriftlich erklären, dass sie das gesamte Guthaben erhalten soll.

Erfüllt Ihre Lebenspartnerin keine der drei Voraussetzungen, können Sie ihr das Guthaben allenfalls vermachen, allerdings nur, wenn Sie keine Kinder haben. Dazu müssen Sie die Lebenspartnerin in Ihrem Testament als Erbin einsetzen und gegenüber der Vorsorgeeinrichtung eine schriftliche Begünstigungserklärung abgeben.

URTEIL *Anders als bei der 2. Säule kann die Begünstigung des Lebenspartners mit Geldern der Säule 3a die Pflichtteile verletzen. Die Pflichtteilserben können aber nicht verhindern, dass das Guthaben dem Lebenspartner überwiesen wird. Mit der Erbrechtsrevision per 1.1.2023 hat der Gesetzgeber klargestellt: Die Guthaben werden an die Begünstigte oder den Begünstigten ausgezahlt, fallen also nicht in den Nachlass. Einzig für die Berechnung allfälliger Pflichtteile der Kinder oder eines Noch-Ehegatten wird der Rückkaufswert oder bei Banksparen das Sparguthaben rechnerisch berücksichtigt.*

Die Todesfallversicherung

Nicht immer lässt sich der Vorsorgebedarf mit einem Testament und der Begünstigung bei der Pensionskasse und der Säule 3a genügend abdecken. Vor allem wenn das Paar noch kleine Kinder und/oder Wohneigentum hat, sind meist zusätzliche Mittel nötig, damit die überlebende Seite den Lebensstandard halten kann. Mit einer auf die individuelle Situation zugeschnittenen Todesfallversicherung lassen sich die Lücken schliessen. Weiterer Vorteil: Die versicherte Todesfallsumme wird dem überlebenden Partner direkt – also unabhängig von der Erbteilung – ausgezahlt, und sie ist für die Pflichtteilsberechnung irrelevant. Nur bei gemischten Lebensversicherungen, mit denen auch für das Alter gespart wurde, muss der Rückkaufswert für die Pflichtteile beachtet werden.

Es gibt verschiedene Produkte. Neben Todesfallversicherungen mit konstanter oder jährlich abnehmender Versicherungssumme gibt es auch Policen, die jährlich erneuert werden können, dies allerdings mit ansteigender Prämie.

TIPP *Die Vielfalt an Produkten ist gross, und was für Sie sinnvoll ist, hängt sehr von Ihrer* ***finanziellen und familiären Situation*** *ab. Lassen Sie sich von einer unabhängigen Stelle beraten (Adressen im Anhang).*

DIE EIGENE BEERDIGUNG ORDNEN

Einfacher oder luxuriöser Sarg? Trauerfeier im grossen Kreis, nur mit der Familie oder gar nicht? Wenn Sie selber keine Anordnungen hinterlassen, haben Ihre nächsten Angehörigen das Sagen. Was, wenn Ihre Familie und Ihr Partner, Ihre Partnerin unterschiedlicher Ansicht sind? Im Streitfall müsste das Gericht ermitteln, wer unter den Hinterbliebenen die engsten Beziehungen zu Ihnen hatte. Solch unschöne Querelen können Sie vermeiden:

- Wenn Sie eigene Vorstellungen über Ihre Beerdigung haben, schreiben Sie diese am besten nieder.
- Oder Sie beauftragen Ihren Partner, Ihre Partnerin mit der sogenannten Totenfürsorge. Dafür müssen Sie eine kurze Vollmacht aufsetzen: «Ich übertrage das Recht auf Totenfürsorge auf meinen Lebenspartner Sandro S. Er ist bevollmächtigt, in allen Fragen rund um meine Beerdigung allein zu bestimmen.»

Die Kosten für die Bestattung gehören zu den Erbgangsschulden. Sie werden vom Nachlass abgezogen. Hinterlässt eine verstorbene Person zu wenig Mittel, um die Bestattungskosten zu decken, müssen die Erben diese Auslagen meist selber zahlen.

7

In reifen Jahren zusammenziehen

Das Konkubinat ist keine exklusive Lebensform der Jungen. Auch ältere Paare müssen und wollen oft nicht (mehr) heiraten. Was in den übrigen Kapiteln besprochen wurde, gilt selbstverständlich für Alt und Jung. In diesem Abschnitt findet die Generation 55+ aber noch Zusätzliches zu den Themen Sozialversicherung und erbrechtliche Absicherung sowie Anregungen zu einem gelassenen Umgang mit Veränderungen in späteren Lebensphasen.

Neue Lebensphase

Einige leben nach dem Tod des Lebensgefährten oder nach einer Scheidung lange allein, bevor sie wieder eine Partnerschaft eingehen. Andere ziehen schon nach kurzer Zeit mit einem neuen Partner zusammen.

In beiden Fällen treffen Menschen aufeinander, die einiges «Gepäck» ins gemeinsame Leben mitbringen: die komplette Wohnungsausstattung, Gewohnheiten und «Mödeli», vielleicht schon erwachsene Kinder und Enkel. Wenn dann die Gegenwart auf die Vergangenheit trifft, ist bestimmt für Aufregung gesorgt. Kommt gar noch die Pensionierung dazu, gibts auch in diesem Lebensbereich Veränderungen zu bewältigen.

Neue Beziehung – alte Familie

Eine neue Liebe ist wie ein neues Leben! Dieser Schlager aus dem Jahr 1972 hat zwar schon etwas Patina angesetzt – doch was damals stimmte, ist auch heute noch so: Eine neue Beziehung läutet eine neue Lebensphase ein. Und egal, wie viele Jahresringe Sie selbst schon gesammelt haben: Wer verliebt ist, ist wieder jung und erlebt so manches, wie wenns das erste Mal wäre.

Und irgendwann kommt der Zeitpunkt in einer Beziehung, wo die neue Partnerschaft auf die alte Familie und auf die alten Freunde und Bekannten trifft. Diese Situation haben Sie bestimmt schon früher erlebt. Im Kreis der Familie ist der «Generationenmix» allerdings ein anderer: Früher fieberte man dem ersten Treffen mit den Eltern der Liebsten entgegen, und nun warten womöglich die erwachsenen Kinder darauf, endlich Mamas Neuen zu Gesicht zu bekommen.

Am besten besprechen Sie mit Ihrem Partner, Ihrer Partnerin im Voraus, welcher Rahmen Ihnen beiden für ein erstes Treffen am angenehmsten ist. Je unsicherer Ihre neue Liebe sich fühlt, je nervöser Sie selbst sind, desto ungezwungener und formloser sollten Sie die Umgebung und den Anlass wählen. Bei einem gemütlichen Sonntagsbrunch ist es bestimmt allen wohler als bei einer Abendeinladung. Oder Sie arrangieren das erste Treffen auf neutralem Boden, etwa in einem ruhigen Restaurant zum Mittagessen oder im Sommer zu einem Picknick oder zum Grillieren im Freien.

Zusammenziehen

Im Alter werden die Menschen nicht unbedingt flexibler, sagt man. Wenn dann zwei verschiedene Lebensarten aufeinandertreffen, mag dies in einer ersten Phase spannend sein. Später aber können alte Gewohnheiten oder Komfortansprüche, die nicht mehr erfüllt sind, die Harmonie trüben. Das muss nicht sein, wenn Sie und Ihr Partner, Ihre Partnerin ganz nüchtern klären, welche Ansprüche Sie an den Lebensstandard stellen – und zwar, bevor Sie zusammenziehen. Vielleicht braucht er unbedingt sein eigenes Zimmer oder einfach einen Raum, wohin er sich zurückziehen kann. Und sie vermisst in der modernen Stadtwohnung die Pflanzen und die Arbeit im Garten. Oder Sie stellen fest, dass Sie lieber getrennt schlafen und deshalb zwei Schlafzimmer benötigen.

Neben den Ansprüchen an die Wohnsituation gilt es auch, zu klären, wie viel Freiraum jeder für sich braucht. Ihre Gemeinsamkeit soll Ihr Leben ja bereichern und nicht einengen. Besprechen Sie deshalb, wie Sie Ihre bisherigen Freundschaften und Freizeitaktivitäten pflegen können – gemeinsam, aber auch allein.

Auch die Wohnungseinrichtung wird zu reden geben. Im gemeinsamen Zuhause ist in der Regel kein Platz für beide Ausstattungen. Wie Sie mit dieser Situation umgehen können, lesen Sie in Kapitel 2 (Seite 39). Manchmal zieht der Partner auch ins langjährige Heim seiner Freundin ein. Dann besteht die Gefahr, dass er sich eher als Gast denn als gleichberechtigter Wohnpartner fühlt. Dies vor allem dann, wenn die gesamte Wohnungseinrichtung der Partnerin gehört. Klären Sie deshalb vor dem Einzug Ihre «Revieransprüche» ab. Vielleicht fühlen sich beide wohler, wenn Sie die Sitzgruppe im Wohnzimmer durch seine ersetzen oder sich eine ganz neue Schlafzimmereinrichtung leisten.

Reden Sie auch über Geld

In Kapitel 3 (Seite 53) finden Sie Anregungen, wie Sie das gemeinsame Haushalten fair regeln können. Eine weitere Möglichkeit: Zieht Ihr Partner bei Ihnen ein, ohne sich im Haushalt zu beteiligen, könnten Sie seinen Beitrag ans Haushaltsbudget mithilfe der Kostgeldvorschläge für Wohnpartner von der Budgetberatung Schweiz festlegen. Nach diesen Richtlinien bewegen sich die Kosten für die Mahlzeiten inklusive einer Arbeitsentschädigung zwischen 735 und 960 Franken pro Monat. Die Kosten für Aufräum- und Reinigungsarbeiten sowie fürs Waschen und Bügeln machen 350 bis 690 Franken aus.

TIPP *Ein **ausführliches Merkblatt** erhalten Sie bei der Budgetberatung Schweiz (www.budgetberatung.ch).*

Ein Partner wird pensioniert

Wird eine Seite pensioniert, hat dies Auswirkungen auf die Beziehung. Einerseits freut man sich auf die zusätzliche Freizeit. Anderseits kann die anstehende Veränderung aber auch Ängste auslösen. Sprechen Sie darüber und bereiten Sie sich auf den neuen Lebensabschnitt vor, zum Beispiel so:

- Jede Seite definiert für sich ganz allein, wie viel Freiraum sie benötigt, welche gemeinsamen Aktivitäten sie sich wünscht und was sie nun vom Partner, von der Partnerin erwartet. Wollen Sie zum Beispiel neu jeden Mittag für die Freundin kochen oder doch lieber wie bis anhin gemeinsam in der Stadt essen? Erwarten Sie vom pensionierten Partner, dass er sich im Haushalt nützlich macht (Zeit hat er ja)?
- Haben Sie beide Ihre Wünsche notiert, gilt es, diese zu vergleichen und Abweichungen zu diskutieren. Weichen Sie dieser Diskussion nicht aus!

TIPP *Hilfreich bei der Vorbereitung des neuen Lebensabschnitts sind **Pensionierungsseminare.** Wenn Ihre Arbeitgeberin nichts dergleichen anbietet, können Sie sich an die Pro Senectute wenden. Diese führt regelmässig Kurse durch und hält auch Informationen im Internet bereit (www.prosenectute.ch).*

Finanzielle Überlegungen

Oft führt die Pensionierung zu einer Reduktion des Einkommens. Erkundigen Sie sich frühzeitig bei Ihrer Pensionskasse und bei Ihrer AHV-Ausgleichskasse, mit welchen Rentenbeträgen Sie rechnen können. Falls Sie geschieden sind, werden die von Ihnen und Ihrem Ex-Mann, Ihrer Ex-Frau während der Ehe geäufneten AHV-Guthaben sowie die Erziehungsgutschriften hälftig geteilt. Das kann Auswirkungen auf die Höhe Ihrer Rente haben.

Haben Sie bei der AHV noch kein Gesuch um Vornahme dieses Splittings eingereicht, holen Sie das am besten noch vor der Pensionierung nach. Damit vermeiden Sie eine mögliche Verzögerung der ersten Rentenauszahlung. Das Formular «Anmeldung für die Durchführung der Einkommensteilung im Scheidungsfall (Splitting)» erhalten Sie bei jeder AHV-Ausgleichskasse und im Internet (www.ahv-iv.ch → Merkblätter & Formulare → Formulare → Allgemeine Verwaltungsformulare).

TIPP *Nimmt das Einkommen eines oder beider Partner ab, ist das die Gelegenheit,* ***Ihr Haushaltsbudget zu überprüfen*** *und allenfalls den neuen Verhältnissen anzupassen. Mehr zum Budget lesen Sie in Kapitel 3 (Seite 58).*

Und die Sozialversicherungen?

Je nach den persönlichen Umständen kann eine Heirat oder das Konkubinat für Senioren finanziell vorteilhafter sein, wenn es um die Alters- und Hinterlassenenrenten geht. Auf den folgenden Seiten finden Sie die relevanten Informationen. Was in Ihrer Situation die sinnvollste Lösung ist, entscheiden Sie.

Leistungen der AHV

Erhalten verheiratete Paare die AHV, werden höchstens 150 Prozent der einfachen maximalen AHV-Rente ausgezahlt. Das sind 3675 Franken pro Monat (Stand 2023). Diese Reduktion – im Fachjargon Plafonierung genannt – wird mit den tieferen Kosten im gemeinsamen Haushalt begründet.

Von dieser Kostenersparnis profitieren Konkubinatspaare natürlich genau gleich wie Ehepaare. Trotzdem wird ihre AHV-Rente nicht plafoniert. Das Konkubinatspaar kommt also auf maximal 4900 Franken. Das sind über 1000 Franken mehr in der Haushaltskasse.

Witwen- und Witwerrente

Anspruch auf eine Hinterlassenenrente haben nur verheiratete (oder geschiedene) Frauen und Männer. Konkubinatspartnerinnen und Lebensgefährten erhalten nichts.

- Ehefrauen erhalten eine Witwenrente, wenn sie zum Zeitpunkt der Verwitwung eines oder mehrere Kinder haben (das eigene Alter spielt keine Rolle) oder wenn sie mindestens 45 Jahre alt sind und mindestens fünf Jahre verheiratet waren (mehrere Ehen werden zusammengezählt).
- Verheiratete Männer haben nur Anspruch auf eine Witwerrente, solange sie Kinder unter 18 Jahren haben.

Beziehen Sie eine Witwen- oder Witwerrente der AHV, verlieren Sie diesen Anspruch, wenn Sie wieder heiraten. Immerhin wird die verlorene Witwen- oder Witwerrente wieder ausgezahlt, wenn Ihre neue Ehe nach weniger als zehn Jahren geschieden wird.

Stirbt der neue Ehepartner, lebt der alte Anspruch nicht wieder auf. Frauen, die älter als 45 sind, erhalten aber in der Regel eine neue Hinterlassenenrente vom soeben verstorbenen Ehepartner, weil die früheren Ehejahre für die Voraussetzungen zum Rentenbezug mitzählen.

Wer im Konkubinat lebt, erhält die Hinterlassenenleistungen vom verstorbenen Ehepartner weiter ausgezahlt – egal, wie lange das Konkubinat dauert.

INFO *Bei der obligatorischen Unfallversicherung gelten im Wesentlichen die gleichen **Vor- und Nachteile** wie bei der AHV.*

Ergänzungsleistungen zur AHV-Rente

Mit der AHV-Rente allein kann heute kaum jemand mehr seine Lebenskosten decken. Wenn die eigenen Mittel nicht ausreichen, können Rentnerinnen und Rentner Ergänzungsleistungen (EL) beantragen, damit sie ihr offizielles Mindesteinkommen erreichen. Das sind keine Sozialhilfegelder, sondern ebenfalls Versicherungsleistungen.

Für die Berechnung werden, grob gesagt, die gesetzlich anerkannten Ausgaben und die Einnahmen einander gegenübergestellt. Resultiert ein Manko, wird dieses durch die Ergänzungsleistungen gedeckt. Je nach Kanton können Rentnerinnen und Rentner zusätzlich kantonale Beihilfen und in gewissen Gemeinden auch einen Gemeindezuschuss erhalten.

Auch bei den EL fahren unverheiratete Paare oft besser als Eheleute. Denn für eine unverheiratete Person werden als Lebensbedarf pauschal maximal 20 100 Franken eingesetzt; ein Ehepaar erhält nicht das Doppelte, sondern maximal nur 30 150 Franken (Stand 2023). Mit der Gesetzesrevision, die 2021 in Kraft getreten ist, wurde dieser Unterschied nicht abgeschafft. Die Wohnkosten werden bei Konkubinatspaaren in der Regel pro Kopf aufgeteilt.

TIPP *Ergänzungs- und andere Zusatzleistungen werden nur auf Antrag ausgerichtet. Wenn Sie finanziell knapp dran sind, melden Sie sich bei der* ***AHV-Gemeindezweigstelle*** *Ihres Wohnorts oder bei der* ***kantonalen Stelle für Ergänzungsleistungen*** *an (www.ahv-iv.ch → Kontakte). Sie können nichts verlieren: Die Berech-*

DAS UNVERHEIRATETE PAAR FÄHRT BESSER

	Lebenspartnerin	Lebenspartner	Ehepaar
Lebensbedarf	Fr. 20 100.–	Fr. 20 100.–	Fr. 30 150.–
Miete	Fr. 7 500.–	Fr. 7 500.–	Fr. 15 000.–
Krankenkasse Stadt Zürich	Fr. 6 636.–	Fr. 6 636.–	Fr. 13 272.–
Total Auslagen	Fr. 34 236.–	Fr. 34 236.–	Fr. 58 422.–
Einkünfte	Fr. 28 000.–	Fr. 25 000.–	Fr. 53 000.–
EL pro Jahr	**Fr. 6 236.–**	**Fr. 9 236.–**	**Fr. 5 422.–**

nung ist kostenlos, im schlimmsten Fall heisst es einfach, dass Sie (noch) keinen Anspruch haben. Auf der Website von Pro Senectute können Sie Ihren Anspruch provisorisch berechnen (www.prosenectute.ch → Dienstleistungen → Beratung → Finanzen → EL-Rechner).

Witwen- und Witwerrenten der 2. Säule

In der 2. Säule, also der beruflichen Vorsorge, sind Männer und Frauen gleichgestellt. Eine Witwer- oder Witwenrente wird ausgezahlt:

- wenn die Ehe mindestens fünf Jahre gedauert hat und die Witwe, der Witwer über 45 Jahre alt ist
- wenn die Witwe, der Witwer noch für den Unterhalt eines Kindes aufkommen muss

Ob auch Konkubinatspartner Hinterlassenenleistungen erhalten, hängt vom Pensionskassenreglement ab. Denn das Gesetz schreibt keine Leistungen vor. Die Pensionskassen dürfen freiwillig Todesfallleistungen an die Konkubinatspartnerin (oder den Partner) ausrichten:

- wenn die Lebensgemeinschaft mindestens fünf Jahre gedauert hat
- wenn die überlebende Partnerin für ein gemeinsames Kind sorgen muss
- wenn der verstorbene Partner zu Lebzeiten zu mindestens 50 Prozent für den Lebensbedarf seiner Partnerin aufgekommen ist

Verlust der Witwen- oder Witwerrente

Wenn Sie eine Witwen- oder Witwerrente von der Pensionskasse erhalten, verlieren Sie diese bei einer neuen Heirat. Anders als bei der AHV lebt der Anspruch aber nicht wieder auf, wenn Ihre neue Ehe geschieden wird. Auch werden, wenn es um einen neuen Anspruch geht, die Jahre einer früheren Ehe nicht mitgezählt. Dauert die neue Ehe also weniger als fünf Jahre, gibt es weder die alte noch eine neue Witwen- oder Witwerrente. Die Pensionskassen dürfen freiwillig grosszügiger sein; massgebend ist das Pensionskassenreglement.

Lebenspartner sind von diesen Überlegungen nicht betroffen. Wie bei den AHV-Hinterlassenenleistungen führt selbst ein langjähriges Konkubinat nicht zum Verlust der Witwen- oder Witwerrente aus der 2. Säule.

ÜBERSICHT: PLUS UND MINUS IM KONKUBINAT

	Plus	Minus
AHV	Keine Plafonierung der Altersrente Kein Verlust der früheren Witwen-/Witwerrente	Keine Witwen-/Witwerrente beim Tod des Partners, der Partnerin
Ergänzungsleistungen	Vorteilhaftere Berechnung	
Unfallversicherung	Kein Verlust der früheren Witwen-/Witwerrente	Keine Witwen-/Witwerrente beim Tod des Partners, der Partnerin
Pensionskasse	Kein Verlust der früheren Witwen-/Witwerrente	Hinterlassenenleistungen nur, wenn im Reglement der Pensionskasse vorgesehen, und nur unter bestimmten Voraussetzungen

Überlegungen zum Nachlass

Welche Möglichkeiten Konkubinatspaare generell haben, um sich erbrechtlich maximal zu begünstigen, lesen Sie in Kapitel 6 (Seite 142). Ältere Paare, gerade wenn sie Kinder aus früheren Beziehungen haben, müssen oder wollen aber nicht immer auf die «Maximalvariante» zurückgreifen.

Es gibt verschiedene Stufen der Absicherung. Ein grosser Vorteil ist, dass die Kinder in der Regel erwachsen sind und auf eigenen Beinen stehen. So ist leichter abzuschätzen, was sie und der überlebende Partner, die Partnerin im Todesfall brauchen. Genauso wichtig ist es, sich zu informieren, was die Nachkommen und der Partner, die Partnerin erwarten. Oft decken sich die Vorstellungen von Erblasser und Erben nämlich nicht: Womöglich hängen die Kinder gar nicht so sehr am Elternhaus oder an der Ferienwohnung. Vielleicht möchten sie lieber etwas weniger von ihrem Erbe, dafür schon heute einen Erbvorbezug.

TIPP *Auch wenn Sie es nicht gern tun:* ***Sprechen Sie mit Ihren Kindern und dem Partner, der Partnerin über Ihre Wünsche*** *und Vorstellungen. Sie selbst wissen am besten, ob Sie das lieber mit allen zusammen am runden Tisch oder in Einzelgesprächen tun. Wenn Sie die Vorstellungen Ihrer Erben kennen, können Sie entscheiden, wie Sie Ihren Nachlass regeln wollen.*

Erbauskauf

Sind die Kinder über 18 Jahre alt, dürfen Sie mit Ihnen einen Erbvertrag abschliessen. Der grosse Vorteil des Erbvertrags ist, dass man darin auf die Familiensituation zugeschnittene Vorkehrungen treffen kann. Insbesondere muss man sich nicht um die Pflichtteile kümmern. Bedingung ist einzig, dass die Erben mitmachen.

Eine interessante Variante des Erbvertrags ist der Erbauskauf. Dabei verzichten die Kinder auf eine Beteiligung am Nachlass zum Zeitpunkt des Todes. Dafür erhalten sie bereits zu Lebzeiten der Eltern eine Abfindung. Der Verzicht gilt auch für die Enkel und Urenkel.

MARKUS IST DARAN, sein eigenes Geschäft aufzubauen. Dabei könnte er finanzielle Hilfe gut brauchen. Auch seiner Mutter Gerda, die mit einem neuen Partner zusammenlebt, ist es recht, wenn die Erbfrage schon zu ihren Lebzeiten geregelt werden kann. Nach längeren Diskussionen schliesst sich auch die Schwester Karen dem Erbvertrag an. Gegen eine Abfindung von je 100 000 Franken verzichten die Kinder auf eine weitere Beteiligung am Nachlass der Mutter.

INFO *Der Erbvertrag ist nur in der* ***Form der öffentlichen letztwilligen Verfügung*** *gültig. Alle Beteiligten müssen also die im Kanton zuständige Amtsstelle aufsuchen. In den meisten Kantonen ist das eine Notarin.*

Teilungsanordnung oder Vermächtnis

Womöglich braucht Ihre Partnerin keine Absicherung, da sie selber für ihren Lebensunterhalt aufkommen kann. Trotzdem möchten Sie ihr wahrscheinlich nicht zumuten, den Hausrat mit den Erben aufzuteilen, oder Sie möchten ihr einzelne Gegenstände vermachen, zum Beispiel das Auto oder ein Gemälde. Hier gibt es zwei einfache Möglichkeiten:

- Entweder Sie setzen die Partnerin in Ihrem Testament als Erbin ein und bestimmen in einer Teilungsanordnung, was sie erhält.
- Oder Sie bestimmen im Testament, dass die Partnerin die betreffenden Sachen als Vermächtnis (Legat) erhält.

Im ersten Fall wird die Partnerin zur Miterbin. Im zweiten Fall gehört sie nicht zu den Erben. Als Nichterbin hat sie mit der Abwicklung und Teilung des Nachlasses nichts zu tun, wird also auch nicht in allfällige Streitereien verwickelt. Ist sie «nur» Vermächtnisnehmerin, hat sie einfach Anspruch darauf, dass die Erben ihr die bezeichneten Gegenstände überlassen.

FORMULIERUNGEN IM TESTAMENT

Vermächtnis Gemälde

Meiner Lebenspartnerin Meret G. vermache ich das Gemälde «Der Frühling» von Paloma Pucci als Legat.

Erbeinsetzung mit Teilungsanordnung

Ich setze meinen Lebenspartner Gerold O. als Erben ein. Im Sinn einer Teilungsregel verfüge ich, dass er folgende Gegenstände erhält:

- die gesamte Wohnungseinrichtung samt Küchen- und Haushaltsgeräten
- die Schallplattensammlung (Langspielplatten und CDs)

Vermächtnis Wohnrecht

Ich vermache meinem Lebenspartner Dieter B. an meiner Liegenschaft an der Sieberlingstrasse 11 in 5400 Baden das unentgeltliche Wohnrecht. Es gilt für sämtliche Räumlichkeiten ab meinem Todestag für die Dauer von fünf Jahren.

Wohnrecht für die Partnerin

Wenn Sie mit Ihrem Partner in Ihrem Eigenheim wohnen, möchten Sie vielleicht sicherstellen, dass er nach Ihrem Tod eine gewisse Zeit oder sogar bis zu seinem Tod weiterhin dort wohnen kann. Sind Ihre Kinder damit einverstanden, fixieren Sie die getroffenen Abmachungen am besten in einem Erbvertrag.

DIE 65-JÄHRIGE FLAVIA IST GESCHIEDEN und hat zwei Töchter. Sie lebt seit zehn Jahren mit ihrer Freundin Irene zusammen. Flavia, die Töchter und Irene unterschreiben auf dem Notariat, dass die Lebenspartnerin gratis und lebenslänglich in Flavias Haus wohnen darf. Flavias Töchter verzichten damit – vorläufig – auf ihren Pflichtteil. Erst wenn auch Irene stirbt, erhalten die Töchter das Haus.

BUCHTIPP
Es gibt viele Möglichkeiten, den Nachlass zu regeln. Ausführliche Informationen zum Erbrecht und Tipps für Ihre eigenen Regelungen finden Sie in diesem Beobachter-Ratgeber: **Testament, Erbschaft. Wie Sie klare und faire Verhältnisse schaffen.**
www.beobachter.ch/buchshop

Machen die Kinder bei einer solchen Regelung nicht mit, können Sie Ihrem Partner, Ihrer Partnerin schon zu Lebzeiten oder im Testament ein Wohnrecht einräumen – entgeltlich oder unentgeltlich. Beim unentgeltlichen Wohnrecht müssen die Erben für die wichtigsten Kosten wie zum Beispiel die Hypothekarzinsen aufkommen. Bei einer solchen Anordnung müssen Sie aber – anders als im obigen Beispiel – die Pflichtteile der gesetzlichen Erben beachten. Der Wert des Wohnrechts muss also in die frei verfügbare Quote passen. Wenn Sie Kinder haben, steht dafür die Hälfte vom Wert des gesamten Nachlasses zur Verfügung. Wurden Pflichtteile missachtet, können die Erben verlangen, dass das Wohnrecht zeitlich verkürzt wird.

Auseinandergehen

8

Die meisten Paare trennen sich in Minne. Manche bleiben sogar gute Freunde. Ein gutes Einvernehmen erleichtert vieles und ist vor allem für die gemeinsamen Kinder sehr wichtig. In diesem Kapitel erfahren Sie, was Ex-Liebende bei der Auflösung des Mietvertrags, beim Verkauf des Eigenheims und beim Aufteilen des Hausrats beachten müssen, was für die Kinder gilt und was das Gesetz sagt, wenn es doch nicht ohne Misstöne abgeht.

Die Wohnsituation klären

Das Konkubinat beenden kann der Partner oder die Partnerin von heute auf morgen. Nicht so schnell wird man aber die Verbindlichkeiten rund um die gemeinsame Mietwohnung los. Und wenn es darum geht, was mit dem gemeinsamen Eigenheim geschehen soll, können unerwartete Schwierigkeiten auftauchen.

Formalitäten des Mietrechts beachten

Leben Sie in einer Mietwohnung, müssen Sie den Mietvertrag schriftlich kündigen. Haben Sie beide den Vertrag unterzeichnet, ist die Kündigung nur gültig, wenn Sie sie beide unterschreiben. Ein eigenes Kündigungsrecht jedes Mieters besteht nur, wenn Sie mit dem Vermieter eine Teilkündigungsklausel vereinbart haben (siehe Seite 33).

Sie müssen sich an die Kündigungsfrist und die Kündigungstermine in Ihrem Vertrag halten. Wurde darin nichts vereinbart, gilt für Wohnungen und Einfamilienhäuser eine Kündigungsfrist von drei Monaten auf den nächsten orts- oder quartierüblichen Kündigungstermin. Auskunft über die für Sie geltenden Kündigungstermine erhalten Sie bei der Schlichtungsbehörde in Mietsachen oder im Internet unter www.mietrecht.ch.

TIPP *Die Kündigung muss **vor Beginn der Kündigungsfrist** beim Vermieter eintreffen. Der Poststempel ist nicht massgebend. Schicken Sie deshalb Ihren Brief im Minimum zehn Tage vor Beginn der Kündigungsfrist ab – zur Sicherheit eingeschrieben. Trifft die Kündigung zu spät beim Vermieter ein, gilt sie erst für den nächstmöglichen Termin.*

Mit Nachmieter schneller aus dem Vertrag

Möchten Sie vor Ablauf der Kündigungsfrist oder vor dem nächstmöglichen Kündigungstermin ausziehen, werden Sie Ihre vertraglichen Pflichten los, wenn Sie der Vermieterin einen zumutbaren und zahlungsfähigen Ersatzmieter vorschlagen können. Zumutbar heisst, der Nachmieter muss einen guten Leumund haben und zu den übrigen Hausbewohnern passen.

Der Mietzins darf nicht mehr als 30 Prozent seines Einkommens betragen. Zudem muss der Nachmieter bereit sein, Ihren Mietvertrag zu den gleichen Bedingungen zu übernehmen. Erfüllt auch nur ein einziger Bewerber die Voraussetzungen, muss die Vermieterin Sie aus dem Vertrag entlassen – egal, ob er dann mit dem Bewerber tatsächlich einen Mietvertrag abschliesst.

Streit um die Wohnung

Hat die Partnerin den Mietvertrag allein unterschrieben, bestimmt sie auch allein über die Kündigung des Mietverhältnisses. Kündigt sie und möchte der Partner den Mietvertrag übernehmen, braucht es dazu das Einverständnis des Vermieters. Will die Partnerin dagegen in der Wohnung bleiben, wird der Partner wohl oder übel ausziehen müssen.

Anders, wenn beide Partner den Mietvertrag unterschrieben haben. Das hat gravierende Konsequenzen, wenn sich eine Seite gegen die gemeinsame Kündigung sträubt. Eine Pattsituation liegt vor, wenn sich beide darum streiten, wer die Wohnung behalten darf. Beispiele und Lösungsvorschläge finden Sie im Kapitel 2 (Seite 31).

Wer haftet wofür?

Hat ein Paar den Mietvertrag gemeinsam unterschrieben, haften beide gegenüber der Vermieterin solidarisch für die Erfüllung der vertraglichen Pflichten (siehe Seite 30). Diese hat die Wahl, von wem sie ausstehende Mietzinse oder Schadenersatz für Mieterschäden fordert. Die geschäftstüchtige Vermieterin wird sich an den zahlungskräftigeren oder -willigeren Partner halten. Die Vereinbarung zwischen Partner und Partnerin über die Kostenverteilung braucht sie nicht zu interessieren.

Muss zum Beispiel der Partner der Vermieterin mehr bezahlen, als intern zwischen ihm und seiner Lebensgefährtin vereinbart war, kann er die Differenz bei ihr eintreiben. Wurde nichts vereinbart oder lässt sich die interne Kostenaufteilung nicht beweisen, müssen beide einen gleichen Anteil an den Kosten übernehmen.

Dass Sie zu viel Bezahltes beim Partner, bei der Partnerin eintreiben dürfen, nützt Ihnen allerdings nichts, wenn er oder sie zahlungsunfähig ist. Wie Sie vorgehen können, lesen Sie auf Seite 96.

Gemeinsames Wohneigentum aufgeben?

Geht die Partnerschaft auseinander, heisst das meist auch: das geliebte Eigenheim aufgeben. Die Trennung von Heim und Partner ist etwas viel aufs Mal! Doch auch wenn die Emotionen stark sind, lohnt es sich, beim Verkauf des Eigenheims einen kühlen Kopf zu bewahren und langfristig zu planen. Wer ruckzuck verkaufen muss, erzielt selten einen guten Preis. Im Idealfall lässt sich die Liegenschaft mit Gewinn an eine Drittperson weiterverkaufen, oder eine Seite ist in der Lage, die andere auszuzahlen und das Eigenheim allein zu halten.

Wie viel Sie für Ihre Liegenschaft lösen können, hängt von verschiedenen Faktoren ab: etwa von der Anzahl der Interessenten, vom Zustand und von der Lage des Objekts sowie von der konjunkturellen Situation. Verlässliche Werte erhalten Sie von einem versierten Liegenschaftenschätzer (Adressen unter www.svit.ch). Erste Anhaltspunkte können Sie sich selber über das Internet beschaffen (www.iazicifi.ch); Kostenpunkt: 350 Franken (Stand 2023).

Hypothek zurückzahlen

Wird die Liegenschaft verkauft, gilt es auch, das Hypothekardarlehen an die Bank zurückzuzahlen. Dabei müssen Sie die Kündigungsfristen beachten. Bei einer variablen Hypothek gibt es kaum Probleme; sie ist meist innert drei bis sechs Monaten kündbar. Anders sieht es bei einer Festhypothek aus. Vor Ende der vereinbarten Laufzeit lässt sich diese nur gegen eine Strafgebühr auflösen. Dem können Sie entgehen, wenn der Käufer Ihre Hypothek übernimmt. Dafür braucht es jedoch die Einwilligung der Bank.

INFO *Auch die Mittel, die Sie aus der* ***Pensionskasse*** *vorbezogen haben, müssen an die Vorsorgeeinrichtungen zurückgezahlt werden. Mehr als den Erlös – das ist der Verkaufspreis abzüglich Hypothekarschuld, Grundstückgewinn- und Handänderungssteuer sowie Gebühren – müssen Sie allerdings nicht wieder einzahlen. Bezüge aus der* ***Säule 3a*** *können dagegen nicht mehr zurückgeführt werden.*

Verkauf an den Partner oder die Partnerin

Wollen Sie – oder Ihr Partner, Ihre Partnerin – das einst gemeinsam finanzierte Eigenheim allein übernehmen, brauchen Sie einiges an finanziellen Ressourcen. Einerseits müssen Sie die ausziehende Seite auskaufen, anderseits werden Sie in Zukunft die Kosten für die Liegenschaft allein tragen. Sinnvoll ist es auf jeden Fall, sorgfältig zu berechnen, ob Ihre finanziellen Mittel dazu ausreichen. Unter Umständen sind Ihre Eltern bereit, mit einem Erbvorbezug oder einem Darlehen auszuhelfen. Allenfalls lässt sich noch Sparpotenzial finden, zum Beispiel durch den Verzicht aufs Auto oder die Aufnahme eines Untermieters. Professionelle Hilfe beim Erarbeiten des Budgets und beim Ausloten von Sparmöglichkeiten bietet die Budgetberatung Schweiz (www.budgetberatung.ch).

Zu beachten ist auch das Steuerrecht: Kann die scheidende Partnerin ihren Anteil dem Ex-Freund mit Gewinn verkaufen, muss sie Grundstückgewinnsteuer zahlen. Verkauft sie ihren Anteil dagegen unter dem Steuerwert, kann dies für ihn eine Schenkungssteuer auslösen. Damit keine überraschende Post vom Steueramt kommt, sollten sich beide vor dem Verkauf informieren.

INFO *Auch wenn Sie Ihren* ***Anteil an der Liegenschaft*** *an Ihren Partner abtreten, müssen Sie die Vorbezüge von Pensionskassenguthaben wieder an die Vorsorgeeinrichtung zurückzahlen.*

Auflösung unter behördlichem Zwang

Wenn sich die beiden Eigentümer der Liegenschaft auf keine Weise einigen können, hilft schliesslich nur noch der Gang vor Gericht: Eine Seite klagt auf Auflösung des gemeinschaftlichen Eigentums.

Muss die Liegenschaft zwangsverwertet werden, drohen Verluste. Denn es fallen Gebühren an, und zudem lässt sich selten ein guter Preis erzielen, wenn ein Grundstück unter Zeitdruck verkauft werden muss.

TIPP *Vielleicht können Sie sich darauf einigen, die Immobilie vorläufig* ***an eine Drittperson zu vermieten.*** *Das kann sich lohnen, wenn auf dem Markt kein befriedigender Verkaufspreis zu erzielen ist.*

Gewinn und Verlust aufteilen

Können Sie sich über die Aufteilung eines Gewinns oder Verlustes aus dem Verkauf der Liegenschaft nicht einigen, müsste der Konflikt am ehesten mit den Regeln der einfachen Gesellschaft gelöst werden. Das bedeutet eine hälftige Aufteilung – unabhängig von den seinerzeitigen Investitionen.

LEO UND IGOR bezahlten 2002 für ihre Liegenschaft 800 000 Franken. Der Betrag setzte sich folgendermassen zusammen:

- 500 000 Franken erste Hypothek
- 115 000 Franken von Igor aus einem Vorbezug bei der Pensionskasse
- 185 000 Franken von Leo aus seinen Ersparnissen

Bei der Trennung der beiden im Jahr 2023 lässt sich die Liegenschaft – weil es pressiert – nur für 700 000 Franken verkaufen. Nach Abzug der Hypothek und Rückzahlung der Einlagen des Paares ergibt sich ein rechnerischer Verlust von 100 000 Franken. Nach den Regeln der einfachen Gesellschaft ist dieser Verlust hälftig zu tragen. Damit erhält Leo von den ursprünglich investierten 185 000 Franken noch 135 000 Franken zurück, während an Igors Pensionskasse bloss 65 000 Franken zurückfliessen.

Selbstverständlich ist eine andere Beteiligung am Verlust oder Gewinn möglich – wenn beide einverstanden sind. Um das Konfliktpotenzial zu minimieren, ist es ratsam, schon beim Erwerb einen Verteilschlüssel festzulegen (mehr dazu auf Seite 79).

Den Hausrat gerecht aufteilen

Zieht der Partner, die Partnerin aus der gemeinsamen Wohnung aus oder verlassen beide das gemeinsame Heim mit unterschiedlichen Bestimmungsorten, gilt es auszuscheiden, wer was mitnimmt. Manche Trennung löst starke Emotionen aus. Nicht umsonst heisst es: Abschied nehmen ist ein bisschen wie sterben. Lassen Sie Gefühle wie Wut, Enttäuschung oder Trauer zu. Dann besteht am ehesten Gewähr, dass sie sich nicht in unnötigen Auseinandersetzungen um materielle Dinge entladen.

Im Idealfall macht keine Seite der anderen ihre Sachen streitig, und das Paar schafft es auch, gemeinsam Gekauftes fair aufzuteilen. Hier einige Tipps dazu:

- körperliche Teilung, wo möglich – Beispiel: Er nimmt die Bettwäsche, sie das Geschirr
- Verkauf an Drittpersonen und Teilung des Erlöses
- Verkauf an den Partner, die Partnerin unter Auszahlung der anderen Seite
- entsorgen und die Entsorgungskosten teilen

Wenn Mein und Dein strittig sind

Fehlen Beweise, wem was gehört, oder hat das Paar gemeinsame Anschaffungen gemacht, wird die Aufteilung im Streitfall problematisch. Das Gesetz bietet den Ex-Liebenden keine praxistauglichen Regeln an. Juristisch Interessierten seien sie aber nicht vorenthalten.

Alleineigentum oder gemeinschaftliches Eigentum?
Das Sachenrecht, geregelt im ZGB ab Artikel 641, kennt zwei Formen, wie man Eigentum erwirbt: Alleineigentum und gemeinschaftliches Eigentum. Im Normalfall entsteht Alleineigentum, wenn einer von Ihnen einen Gegen-

stand erwirbt. Kauft Ihr Partner also einen neuen Heimcoputer, trägt er ihn als Alleineigentümer nach Hause. Auch wenn Sie den Computer später häufiger benützen als er, entsteht daraus kein gemeinschaftliches Eigentum.

Nicht mehr so eindeutig sind die Eigentumsverhältnisse aber, wenn ein Paar – wie meist üblich – keine klaren Absprachen trifft.

XAVER KAUFT IM SUPERMARKT zusammen mit den Wochenendeinkäufen eine neue Dampfbügelstation. Er und Samantha rechnen wie immer am Monatsende die Einkäufe im Supermarkt miteinander ab.

SAMANTHA GIBT XAVER 1000 Franken. Xaver holt ebenfalls 1000 Franken von seinem Konto und kauft mit dem Geld einen Beamer für das Kinovergnügen im gemeinsamen Heim.

Gemeinschaftliches Eigentum gilt in Lebenspartnerschaften in zwei Fällen:

- wenn das Paar es bewusst so will
- wenn sich das Paar um einen Gegenstand streitet und keine Seite ihr Alleineigentum beweisen kann

Miteigentum und Gesamteigentum

Juristen unterscheiden zwei Formen des gemeinschaftlichen Eigentums: Miteigentum und Gesamteigentum. Der Unterschied in der Praxis ist allerdings nicht gross. Bei beiden Eigentumsformen darf keine Seite die Sache ohne die Einwilligung der anderen verkaufen. Und bei beiden Formen wird es umständlich, wenn sich die Beteiligten beim Auseinandergehen nicht einigen können, wie sie das gemeinschaftliche Eigentum aufteilen wollen. Im schlimmsten Fall muss das Gericht entscheiden.

In der Regel entsteht im Konkubinat Miteigentum. Nur wenn eine einfache Gesellschaft vorliegt (siehe Seite 20), entsteht am gemeinsam Erworbenen Gesamteigentum.

Lösungsvorschlag für den Streitfall

Sie können sich über die Aufteilung des Hausrats nicht einigen? Lassen Sie das Los entscheiden! Diese praktische Methode schlägt übrigens auch das Schweizerische Zivilgesetzbuch bei der Teilung der Erbschaft vor. Nicht zu unterschätzender Vorteil: Keine Seite muss nachgeben oder das Gesicht verlieren, und die Methode kostet nichts.

HANNA UND SERGE teilen den Hausrat in der Küche auf Lose auf, die alle ungefähr den gleichen Wert haben:

- Los 1: Besteck
- Los 2: Geschirr und Gläser
- Los 3: Pfannen
- Los 4: Racletteofen
- Los 5: Entsafter und Toaster
- Los 6: Espressomaschine

Die Zettel mit den Nummern von 1 bis 6 legen sie in einen Topf und ziehen abwechslungsweise je drei Lose.

TIPP *Vergessen Sie nicht, Ihre Hausrat-, Haftpflicht- und die Autoversicherungen der neuen Situation anzupassen.*

Geschenkt ist geschenkt

Der Volksmund sagt es richtig: Geschenkt ist geschenkt. Geht die Beziehung auseinander, ist das aus rechtlicher Sicht kein Grund, Geschenke zurückzufordern. Nicht immer ist aber klar, ob das vermeintliche Geschenk wirklich eines war, wie folgendes Beispiel aus der Beobachter-Praxis zeigt.

ANGELIKA ÜBERWEIST RAMON 4000 Franken, damit er seine Schulden bezahlen kann. Drei Jahre später verliebt sich Ramon in Angelikas Freundin und zieht zu ihr. Angelika will nun ihre 4000 Franken zurück. Ramon behauptet: Das war ein Geschenk.

Ohne Darlehensquittung wird es für Angelika schwierig, ihr besseres Recht nachzuweisen. Oft gewinnt in solchen Fällen nicht unbedingt, wer recht hat, sondern derjenige, der taktisch im Vorteil ist oder den längeren «Schnauf» hat.

So können Sie vorsorgen

Einigen Sie sich, bevor Sie dem anderen einen Gegenstand oder Geld überlassen, über den Zweck der Transaktion. Was soll es sein?

- **Geschenk**
  Sie können Geld oder Gegenstände schenken. Den Beschenkten trifft keine Rückgabepflicht.
- **Gebrauchsleihe**
  Sie überlassen einen Gegenstand zum Gebrauch ohne Benutzungsgebühr. Wurde nichts abgemacht, ist eine Rückforderung jederzeit möglich.
- **Darlehen**
  Sie leihen eine Geldsumme. Wurde nichts anderes abgemacht, ist kein Zins zu zahlen. Wurde kein Rückzahlungstermin vereinbart, kann das Darlehen mit einer Frist von sechs Wochen gekündigt werden.

TIPP *Entscheiden Sie sich für eine* ***Gebrauchsleihe oder ein Darlehen,*** *lassen Sie den Partner eine Quittung unterzeichnen (einen Darlehensvertrag finden Sie im Anhang, Seite 196, eine einfache Darlehensquittung und einen Leihvertrag in Kapitel 2, Seite 41 und 42).*

Fairness beim Finanziellen

Viele Paare heiraten nicht, weil sie die Unverbindlichkeit des Konkubinats schätzen. Auch wer jahrelang mit einem Partner zusammengelebt hat, ist bei einer Trennung zu nichts verpflichtet. Solange keine Seite von der anderen wirtschaftlich abhängig wird, ist dagegen nichts einzuwenden. Wenn nicht, sollten Konkubinatspaare eine Heirat in Erwägung ziehen oder die wirtschaftlich schwächere Seite zumindest vertraglich absichern.

Im Gesetz ist nichts vorgesehen

Ganz anders als bei Eheleuten sieht das Gesetz keinen Schutz für den wirtschaftlich schwächeren Partner vor, wenn ein Konkubinat auseinanderbricht. Das gilt auch für jahrelange Lebensgemeinschaften und selbst dann, wenn das Paar gemeinsame Kinder hat. Die Partnerin, die zugunsten der Gemeinschaft oder um die Kinder zu betreuen, ihre Erwerbstätigkeit eingeschränkt oder aufgegeben hat, erhält bei der Trennung keinen Ausgleich. Das sind ihre Nachteile gegenüber einer verheirateten Person:

- kein eigener Unterhaltsanspruch
- keine Beteiligung am während der Gemeinschaft erwirtschafteten Vermögen
- keine hälftige Aufteilung der Guthaben bei AHV- und Pensionskasse, die während des Zusammenlebens angespart wurden
- keine Hinterlassenenleistungen beim Tod des Ex-Partners

Reichen die eigenen Mittel nicht für den Unterhalt, muss notfalls die Sozialhilfe einspringen (siehe Seite 99). Dort gelten allerdings strenge Auflagen. So wird in der Regel die Aufnahme einer Erwerbstätigkeit verlangt, wenn das jüngste Kind ein Jahr alt ist.

Vertraglich vorsorgen

Eine Beteiligung am AHV- und Pensionskassenguthaben der besser verdienenden Seite oder eine Hinterlassenenrente lässt sich auch mit einem Vertrag nicht erreichen. Hingegen kann ein Paar vereinbaren, dass die wirtschaftlich schwächere Seite nach der Trennung einen Unterhaltsbeitrag erhält oder dass sie am Vermögenszuwachs der anderen beteiligt wird.

- Eine Beteiligung am Vermögenszuwachs sollten Sie und Ihr Partner, Ihre Partnerin diskutieren, wenn einer von Ihnen dank tatkräftiger Unterstützung des anderen Karriere machen kann oder ein eigenes Geschäft betreibt.
- Ein Trennungsunterhalt sollte immer dann ein Thema sein, wenn eine Seite von der anderen wirtschaftlich abhängig wird. Das ist bei Konkubinatspaaren meist erst der Fall, wenn sich Nachwuchs ankündigt. Und meist sind es die Mütter, die ihre Erwerbstätigkeit zumindest reduzieren.

TIPP *Geeignete Formulierungen für die Absicherung des wirtschaftlich schwächeren Partners finden Sie im* ***Muster für einen Konkubinatsvertrag*** *im Anhang (Seite 190).*

Wenn noch Rechnungen offen sind

Wird der gemeinsame Haushalt aufgelöst, ist dies auch der Zeitpunkt, um ausstehende Rechnungen zu begleichen. Haben beide Seiten fällige Forderungen offen, können diese miteinander verrechnet werden, sodass nur noch der Saldo zu zahlen ist.

Geldforderungen können Sie notfalls über das Betreibungsamt eintreiben. Die Kosten für das Betreibungsverfahren muss der Gläubiger einstweilen vorschiessen. Gelingt die Betreibung, muss der Schuldner aber am Ende alle Kosten tragen.

Neben Geldforderungen können auch andere Ansprüche bestehen, etwa auf Rückgabe von Gegenständen, zum Beispiel des Autos, das die Partnerin benutzt hat, obwohl es dem Partner gehört. Werden solche Forderungen nicht erfüllt, ist eine zwangsweise Beschaffung der Gegenstände nur über einen richterlichen Befehl möglich.

Die Sachen des Ex entsorgen?

Neben offenen Forderungen können auch die vom ausgezogenen Ex-Partner nicht mitgenommenen Sachen einer vollständigen Beendung der Beziehung im Wege stehen.

ALAIN IST VOR DREI MONATEN aus der Eigentumswohnung von Nadja ausgezogen. Nadja will, dass der Ex-Partner endlich alle seine Kleider, das Velo und den übrigen Krempel abholt. Da er nicht auf ihre Nachrichten reagiert, will sie seine Sachen entsorgen. Nur, darf sie das?

Lässt Nadja Alains Sachen ohne seine Einwilligung entsorgen, riskiert sie, sich wegen Sachentziehung oder Sachbeschädigung strafbar zu machen. Ausserdem könnte Alain Schadenersatz verlangen. Will Nadja diese Risiken nicht eingehen, muss sie nachweisen können, dass sie ihn aufgefordert hat, die Sachen innert einer angemessenen Frist abzuholen. Verpasst er diese Frist, darf Nadja in guten Treuen davon ausgehen, dass er sein Eigentum aufgegeben hat, es ihm also egal ist, wenn sie seine Sachen entsorgt. Wie macht sie das am besten?

Juristische Lösung: Will Nadja auf Nummer sicher gehen, muss sie sich ans Gericht wenden. Dies ist aber mit einem Kostenaufwand verbunden, der sich oft nicht lohnt.

Beobachter-Lösung: Der Nachweis lässt sich am besten mit einem eingeschriebenen Brief erbringen. Kennt Nadja die aktuelle Wohnadresse des ausgezogenen Partners nicht, kann sie den Brief auch mit dem Vermerk «Persönlich» an seinen Arbeitsort schicken. Ansonsten ist es ratsam, die Sachen vorläufig zu behalten und alle Kontaktbemühungen zu dokumentieren. Je mehr Zeit verstreicht, ohne dass Alain sich meldet, desto eher darf Nadja in guten Treuen davon ausgehen, dass er sein Eigentum aufgegeben hat. Ein gewisses Restrisiko bleibt aber.

Vorsorgliche Lösung: Vereinbaren Sie eine Entsorgungsklausel für die zurückgelassenen Sachen des ausgezogenen Partners (Formulierung siehe Anhang, Seite 195).

Was geschieht mit den Kindern?

Viele Paare bleiben trotz gescheiterter Paarbeziehung verantwortungsvolle Eltern, die sich die Erziehung und Betreuung ihrer Kinder weiterhin teilen. In all diesen Fällen mischt sich keine Amtsstelle in die Familienbelange ein.

Wenn doch Schwierigkeiten auftauchen, ist in erster Linie die Kindes- und Erwachsenenschutzbehörde (Kesb) am Wohnort des Kindes zuständig. Die Behörde versucht zu vermitteln und auf eine einvernehmliche Lösung der Konflikte hinzuarbeiten. Wenn nötig, kann die Kesb aber auch verbindliche Anordnungen über die elterliche Sorge, die Obhut und das Besuchsrecht treffen. Streiten Eltern um den Kinderunterhalt, kann dagegen nur das Gericht entscheiden.

Wer erhält die elterliche Sorge?

Haben die Eltern das gemeinsame Sorgerecht, bleibt diese Regelung auch bei einer Trennung der Eltern bestehen. Ein Elternteil, der das Sorgerecht nun für sich allein will, muss dies mit einem Gesuch bei der Kesb beantragen. Die Behörde prüft, ob die gesetzlichen Voraussetzungen für eine Umteilung des Sorgerechts erfüllt sind.

Eine neue Regelung wird nur erlaubt, wenn sie wegen wesentlicher Veränderungen der Verhältnisse zum Wohl des Kindes nötig ist. So will es das seit dem 1. Juli 2014 geltende Gesetz. Das Bundesgericht hat diese Bedingung konkretisiert: Nicht jede Uneinigkeit der Eltern über die Kinderbelange genügt schon für eine neue Regelung. Erst wenn wesentliche Grundlagen für eine gemeinsame Elternverantwortung nicht mehr vorhanden sind, soll das Sorgerecht einem Elternteil allein zugewiesen werden. Das ist etwa der Fall, wenn die Eltern gar nicht mehr kooperieren können (Urteil 5A_923/2014 vom 27. August 2015).

Hat ein Elternteil die elterliche Sorge allein inne, bleibt es bei einer Trennung dabei. Der andere Elternteil müsste im Streitfall bei der Kesb das Mitsorgerecht oder die Zuteilung des alleinigen Sorgerechts und der Obhut – also des Wohnsitzes des Kindes – an sich erzwingen.

Wo wohnt das Kind?

Die Eltern können selber abmachen, ob die Kinder beim Vater oder bei der Mutter wohnen oder ob sie zwischen beiden Haushalten pendeln. Denkbar ist auch, dass die Kinder im bisherigen Zuhause bleiben und dort abwechselnd von den Eltern betreut werden, die beide eigene Wohnungen beziehen.

Finden gemeinsam sorgeberechtigte Eltern keine Einigung, wird es schwierig. Im Streitfall kann nur die Kesb über das Sorgerecht, den Wohnort des Kindes und das Besuchsrecht entscheiden (mehr lesen Sie in Kapitel 5, Seite 138). Bei solchen Konflikten geht es meist auch um die Alimente. Dann ist für alle strittigen Kinderfragen das Gericht zuständig.

Die Rechte des nicht sorgeberechtigten Elternteils

Der Vater ohne elterliche Sorge hat das Recht, vor Entscheidungen, die für die Entwicklung des Kindes wichtig sind, angehört zu werden. «Anhörung» heisst, er darf seine Meinung sagen und Vorschläge machen. Die

Mutter muss diese aber nicht berücksichtigen. Über besondere Ereignisse im Leben des Kindes – zum Beispiel eine bevorstehende Operation oder eine wichtige Prüfung – muss der Vater informiert werden. Bei Drittpersonen, die an der Betreuung des Kindes beteiligt sind – also beim Lehrer oder bei der Kinderärztin –, darf er wie die Mutter Auskünfte über das Befinden und die Entwicklung seines Kindes einholen.

Leben die Eltern getrennt, haben der Vater und das Kind Anspruch auf persönlichen Kontakt. Dazu gehören neben dem Besuchsrecht auch Telefongespräche sowie Brief- und Mailverkehr.

Die Betreuungsanteile und das Besuchsrecht

Kinder brauchen den Kontakt zu beiden Eltern. Betreuen beide Elternteile ihr Kind abwechselnd zu ungefähr gleichen Teilen, spricht man von alternierender Obut. Lebt das Kind dagegen hauptsächlich bei einem Elternteil, steht dem Kind und dem anderen Elternteil ein regelmässiges Besuchsrecht zu. Manches Elternpaar hat dies schon vorsorglich im Unterhaltsvertrag oder in der Elternvereinbarung geregelt (siehe Seite 119 und 127). Wenn nicht, können Sie sich auch jetzt noch ohne behördliche Mitwirkung über die Betreuungsanteile oder das Besuchsrecht verständigen. Werden Sie sich nicht einig, können Sie gemeinsam oder einzeln die Kesb beiziehen und die Behörde entscheiden lassen. Das gilt auch, wenn ein Elternteil später die Regelung gegen den Willen des anderen abändern will.

Fachleute betonen immer wieder, wie wichtig der regelmässige Kontakt zu beiden Eltern für die Entwicklung eines Kindes ist. In Streitfällen allerdings setzen die Behörden dennoch meistens nur ein minimales Besuchsrecht fest.

- Für schulpflichtige Kinder ist üblich: jedes zweite Wochenende, allenfalls bereits ab Freitagabend, sowie gewisse Feiertage. Dazu kommt ein Ferienbesuchsrecht von zwei bis vier Wochen im Jahr.
- Sind die Kinder erst im Vorschulalter, beschränkt sich das Besuchsrecht meist auf zwei halbe Tage pro Monat.

Nichts hindert Sie daran, die Betreuung in gemeinsamem Einverständnis grosszügiger zu handhaben. Tun Sie das – Ihrem Kind zuliebe.

NORBERT UND ANNA VEREINBAREN, dass die dreijährige Tinka jedes zweite Wochenende vom Freitagabend bis zum Sonntagabend und jeden Mittwochnachmittag vom Vater betreut wird. Zudem soll Tinka zwei Wochen pro Jahr mit dem Vater in die Ferien fahren. Weihnachten feiern die Eltern der Tochter zuliebe immer noch zusammen.

MARC IST EBENFALLS DREIJÄHRIG. Seine Mutter Marga will Vater Viktor am liebsten gar kein Besuchsrecht einräumen. Viktor wendet sich an die Kesb, und diese entscheidet, dass der Vater Marc bis zum sechsten Geburtstag jeden zweiten Samstag am Nachmittag zu sich nehmen darf. Erst danach darf Marc jedes zweite Wochenende und drei Wochen Ferien beim Vater verbringen.

Ausgefallene Besuche nachholen?

Immer wieder taucht die Frage auf, wann ein Besuch, der ausgefallen ist, nachgeholt werden darf oder soll. Wenn immer möglich sollten sich die Eltern selber einigen.

Im Streitfall orientiert man sich bei der Frage, ob ein ausgefallenes Besuchsrecht nachgeholt werden kann oder nicht, heute nicht mehr daran, wer das Ausfallen zu verantworten hat. Entscheidend ist, ob das Nachholen im Interesse des Kindes liegt oder nicht. Es geht nicht darum, einen buchhalterischen Ausgleich zu schaffen, sondern um einen angemessenen Kontakt zwischen dem besuchsberechtigten Elternteil und dem Kind. Dabei verfügt das Gericht über einen grossen Ermessensspielraum. Die Kesb kann bei Konflikten einem Beistand die Aufgabe übertragen, die Modalitäten der Durchführung für den einzelnen Besuch zu regeln bzw. über den konkreten Tag des Besuchs sowie die Verschiebung eines festgesetzten Besuchs zu entscheiden (siehe Urteil des Bundesgerichts 5A_883/2017 vom 21. August 2018).

Wenn das Kind nicht zum Papi will

Das Gesetz verlangt von den Eltern, dass sie alles unternehmen, damit der Kontakt des Kindes mit Vater und Mutter gewahrt bleibt. Trotzdem wehren sich Kinder manchmal mit Händen und Füssen gegen die Besuche. Bei Jugendlichen ab etwa zwölf Jahren lässt sich das Besuchsrecht gegen ihren Willen nicht mehr durchsetzen; sie entscheiden selber, ob und wann sie den Vater (oder die Mutter) besuchen. Aber auch bei jüngeren Kindern ist es heute kaum noch denkbar, dass sie unter Polizeigewalt von zu Hause weggezerrt werden. Kein verantwortungsvoller Elternteil sollte es so weit kommen lassen.

Eines ist klar: Wenn Eltern erbittert ums Besuchsrecht streiten, ist die Situation für alle Beteiligten – Kind, Mutter, Vater und involvierte Behörden – äusserst schwierig. Rasche und tragfähige Lösungen gibt es in einem solchen Konflikt nicht. Besser ist es, die Eltern lassen sich auf eine Familienbegleitung ein. Hilfreich kann auch eine Mediation sein (Adressen von Anlaufstellen finden Sie im Anhang).

INFO ***Besuchsrecht und Unterhaltspflicht sind voneinander unabhängig.*** *Auch wenn der Vater die Kinderalimente nicht oder nur schleppend zahlt, haben das Kind und er weiterhin Anspruch auf persönlichen Kontakt miteinander.*

Gemeinsam oder allein entscheiden?

Haben die Eltern das gemeinsame Sorgerecht, behalten sie es in der Regel auch bei einer Trennung. Das heisst, sie müssen nach wie vor die Kinderfragen gemeinsam entscheiden. Sind sie sich nicht einig, gibt es bei Alltagsfragen keinen Stichentscheid der Behörde. Nicht entscheiden wird die Kesb zum Beispiel, ob das Kind um 19 oder 20 Uhr ins Bett muss. In zentralen Kinderfragen aber muss die Behörde eingreifen, etwa wenn das Kindeswohl gefährdet ist oder wenn es um einen strittigen Wohnortswechsel geht.

Nicht alle Kinderbelange müssen die Eltern gemeinsam entscheiden. Der Elternteil, der das Kind gerade betreut, entscheidet allein bei alltäglichen und bei dringlichen Angelegenheiten und wenn der andere Elternteil mit vernünftigem Aufwand nicht zu erreichen ist. Dringlich sind etwa medizinische Notfälle. Alltäglichen Charakter haben Entscheide zur Ernährung, Bekleidung und Freizeitgestaltung. So muss der Vater zum Beispiel dulden, dass sein Kind bei der Mutter nur vegetarisch isst. Nicht alltäglich sind dagegen Entscheide zu einem Schulwechsel oder Religionsfragen. Dasselbe gilt auch für Risikosportarten. Noch ist gerichtlich nicht geklärt, ob die regelmässige Drittbetreuung, zum Beispiel durch die Schwiegermutter oder eine Tagesmutter, noch zu den alltäglichen Entscheiden gehört.

Der «Zügelartikel»

Haben Vater und Mutter die gemeinsame elterliche Sorge, braucht es die Zustimmung des Vaters, wenn die Mutter mit dem Kind ins Ausland ziehen will – und umgekehrt. Das gilt auch für grenznahe Gebiete. Geht die Mutter mit dem Kind eigenmächtig ins Ausland, macht sie sich nach Artikel 220 StGB strafbar. Der Vater kann zudem ein Rückführungsverfahren wegen Kindesentführung einleiten.

Bei einem Umzug innerhalb der Schweiz braucht es die Zustimmung des anderen Elternteils nur, wenn der neue Wohnort erhebliche Auswirkungen auf die Ausübung der elterlichen Sorge und den persönlichen Verkehr mit dem Kind hat. Wann diese Grenze erreicht ist, werden die Behörden im Einzelfall festlegen müssen. Wo sich der Reiseweg verkürzt oder nur wenig verlängert, wird es keine Einwilligung brauchen. Will die Mutter aber zum Beispiel von Chur nach Genf ziehen, ist das nur möglich, wenn der mitsorgeberechtigte Vater zugestimmt hat. Können sich die Eltern nicht einigen, entscheidet die Behörde am Wohnort des Kindes. Sie kann den Umzug erlauben und dabei zum Beispiel das Besuchsrecht neu regeln – sie kann den Wohnortswechsel aber auch verbieten.

Hat die Mutter (oder der Vater) das alleinige Sorgerecht und will sie mit dem Kind umziehen, muss sie den Vater darüber nur rechtzeitig informieren. Seine Zustimmung ist nicht nötig. Die gleiche Informationspflicht trifft auch den Elternteil, der die Kinder nicht bei sich hat. Auch wenn das Kind zum Beispiel nur jedes zweite Wochenende beim Vater ist, muss er die Mutter über seinen geplanten Umzug informieren.

BUCHTIPP

Alles Wichtige über Sorgerecht, Besuchsrecht und die weiteren Kinderbelange erfahren Sie in diesen zwei Beobachter-Ratgebern: **Faire Scheidung. Gute Lösungen für alle Beteiligten** und **Trennung. Was Paare in der Krise regeln müssen.**

www.beobachter.ch/buchshop

Kinderunterhalt

Solange ein Paar zusammenlebt, gibt es in der Regel keine Probleme mit dem Unterhalt für die gemeinsamen Kinder. Geht die Beziehung auseinander, ist aber zu klären, wie hohe Unterhaltszahlungen der Elternteil zu leisten hat, bei dem die Kinder nicht leben (siehe Seite 128).

Die Zahlung des Kinderunterhalts wenn nötig auch rechtlich durchsetzen, kann man nur mit einem von der Kesb genehmigten Unterhaltsvertrag oder mit einem Gerichtsurteil in der Hand. Haben die Eltern kein gemeinsames Sorgerecht vereinbart, liegt ein solcher Unterhaltsvertrag in der Regel schon vor, bei Eltern mit gemeinsamer elterlicher Sorge dagegen nicht unbedingt (siehe Seite 127). Kommt es zur Trennung, sollten die Eltern den Kinderunterhalt verbindlich regeln. Die Kesb unterstützt sie dabei und erteilt anschliessend die offizielle Genehmigung zum Unterhaltsvertrag. Können sich die Eltern nicht einigen, kann nur das Gericht entscheiden.

Abänderung von Kinderunterhalt

Manchmal entspricht das, was die Eltern bei der Geburt des Kindes als Unterhalt vereinbart haben, nicht mehr den aktuellen finanziellen Verhältnissen. Dann braucht es wieder das Mitwirken der Behörde. Auch wenn beide Eltern mit einer Erhöhung oder Senkung des Kinderunterhalts einverstanden sind, wird ihre Abmachung erst mit der Genehmigung durch die Kesb am Wohnort des Kindes verbindlich.

BEI DER GEBURT VON BENNO gab seine Mutter Marianne ihre Erwerbstätigkeit vorerst auf. Vater Tobias dagegen arbeitete Vollzeit und verpflichtete sich im Unterhaltsvertrag, im Fall einer Trennung monatliche Kinderalimente von 1500 Franken zu zahlen. Als sich Marianne und Tobias Jahre später trennen, arbeiten beide je 60 Prozent. Benno bleibt bei der Mutter wohnen, er wird aber wie bisher am Donnerstag und Freitag vom Vater betreut. Zusätzlich wird er jedes zweite Wochenende beim Vater sein. Marianne und Tobias vereinbaren, dass der Vater nur noch 800 Franken Kinderalimente zahlen muss. Die Kesb erachtet dies als angemessen und erteilt die Genehmigung für die neue Unterhaltsregelung.

Können sich die Eltern über eine Abänderung des Unterhaltsvertrags nicht einigen, muss das Gericht entscheiden. Es wird auf eine Klage aber nur eingehen, wenn sich die Verhältnisse wesentlich verändert haben. So kann ein Kinderunterhalt zum Beispiel gekürzt werden, wenn der Vater nochmals Papi wird und seine finanziellen Mittel knapp sind.

Anhang

Mustertexte

Berechnungsbeispiele für den Kinderunterhalt

Nützliche Adressen

Literatur

Stichwortverzeichnis

Mustertexte

Alle Mustertexte stehen online bereit unter www.beobachter.ch/download (Code 0017). Sie können sie herunterladen und bequem an Ihre Situation anpassen.

Konkubinatsvertrag

Passen Sie den folgenden Mustervertrag an Ihre Verhältnisse an und konsultieren Sie dabei im Zweifelsfall einen Anwalt. Am besten überprüfen und aktualisieren Sie Ihren Vertrag regelmässig. Die Zuteilung bzw. Betreuung der gemeinsamen Kinder im Trennungsfall sowie einen allfälligen Bar- und Betreuungsunterhalt regeln Sie in einem Unterhaltsvertrag. Legen Sie diesen der Kesb zur Genehmigung vor, damit er rechtsverbindlich ist und die Unterhaltsbeiträge wenn nötig bevorschusst werden können.

Konkubinatsvertrag

Zwischen
..... [Name der Konkubinatspartnerin]

und
..... [Name des Konkubinatspartners]

beide wohnhaft an ..... [Adresse]

Wir stellen fest, dass wir seit ..... [Datum] einen gemeinsamen Haushalt führen. Wir treffen folgende Vereinbarungen:

1. Beteiligung an den Haushaltskosten
Zu den Haushaltskosten zählen wir:
- Mietzins samt Nebenkosten
- Elektrizität, Gas
- TV-, Radio-, Telefon- und Internetanschlussgebühren
- Prämien für Mobiliar- und Haftpflichtversicherung
- Lebensmittel, Hygieneartikel sowie Putzmittel
- Kosten für Haushaltshilfe

Diese Haushaltskosten tragen ..... [Name der Konkubinatspartnerin] und ..... [Name des Konkubinatspartners] je zur Hälfte.

Variante:
Von diesen Haushaltskosten übernimmt ..... [Name der Konkubinatspartnerin] ..... Prozent [Anteil] und ..... [Name der Konkubinatspartnerin] ..... Prozent [Anteil] . ..... [Name der Konkubinatspartnerin] zahlt weniger, weil sie mehr Hausarbeit verrichtet als ..... [Name des Konkubinatspartners].

..... [Name des Konkubinatspartners] zahlt den ganzen Mietzins und die Nebenkosten per Dauerauftrag ein. Die anderen Rechnungen werden von derjenigen Seite bezahlt, auf die sie ausgestellt sind. Beide Partner behalten ihre Quittungen. Abgerechnet wird per Monatsende nach obigem Aufteilungsschlüssel.

Variante:
Wir bezahlen unsere Haushaltskosten aus dem gemeinsamen Haushaltsportemonnaie/ Haushaltskonto. Jeweils im Voraus auf den Ersten jedes Monats zahlen ..... [Name der Konkubinatspartnerin] Fr. ..... [Betrag] und ..... [Name des Konkubinatspartners] Fr. ..... [Betrag] ein. Ein Überschuss geht per Jahresende zu ..... Prozent [Anteil] an ..... [Name der Konkubinatspartnerin] und zu ..... Prozent [Anteil] an ..... [Name des Konkubinatspartners]. Ein allfälliges Manko gleichen wir monatlich aus. Es gilt derselbe Verteilschlüssel. Bei einer Trennung teilen wir den Verlust oder Überschuss per Ablauf der Kündigungsfrist laut Ziffer 3 im gleichen Verhältnis wie die Beitragsleistungen auf.

Im Übrigen verfügen ..... [Name der Konkubinatspartnerin] und ..... [Name des Konkubinatspartners] unabhängig voneinander frei über ihr Einkommen und ihr Vermögen.

2. Inventar
Über den Hausrat sowie die persönlichen Wertsachen erstellen wir ein Inventar, das wir laufend aktualisieren. Die Inventarliste gilt als integrierender Bestandteil dieses Vertrags.

3. Mietverhältnis
Bei der Auflösung unserer Wohngemeinschaft gilt Folgendes:

- Alle Verbindlichkeiten dem Vermieter gegenüber wie Mieterschäden etc. sowie die Kosten fürs Suchen eines Nachmieters tragen wir je zur Hälfte [oder anderer Verteilschlüssel].
- Die Mietzinskaution hat ..... [Name des Konkubinatspartners] eingezahlt. Verlassen beide die Wohnung, ist ..... [Name des Konkubinatspartners] berechtigt, die Rückzahlung der Kaution vom Vermieter an sich allein zu fordern. Sollten von der Kaution Mieterverbindlichkeiten abgezogen werden, kann ..... [Name des Konkubinatspartners] die Hälfte [oder anderer Verteilschlüssel] von ..... [Name der Konkubinatspartnerin] zurückfordern. Bleibt ..... [Name der Konkubinatspartnerin] in der Wohnung, tritt ..... [Name des Konkubinatspartners] die Mietzinskaution schriftlich an sie ab. ..... [Name der Konkubinatspartnerin] hat ihm den aktuellen Wert der Kaution innert dreier Monate ab Beendigung der Wohngemeinschaft zu zahlen.

- ..... [Name des Konkubinatspartners] hat das Vorrecht auf die Wohnung, wenn wir uns trennen.
- Möchte eine Partei ausziehen, gelten die gleiche Kündigungsfrist und die gleichen Kündigungstermine wie in unserem Mietvertrag. Zieht eine Partei vorher aus, hat sie sich bis zum Ablauf der Kündigungsfrist an den Haushaltskosten, wie in Ziffer 1 vereinbart, zu beteiligen – mit Ausnahme der Kosten für Lebensmittel, Hygieneartikel und Putzmittel.
- Verweigert eine Partei der anderen den Zutritt zur Wohnung oder erfolgt der sofortige Auszug aus wichtigen Gründen, zum Beispiel wegen häuslicher Gewalt, schuldet der/die Ausgesperrte oder Ausgezogene ab Zutrittsverweigerung bzw. ab Auszug keinen Mietzinsanteil und keine Beteiligung an den Haushaltskosten gemäss Ziffer 1 mehr.
- Der ausziehende Partner hat seine Sachen bis spätestens 14 Tage nach Ablauf der obigen Kündigungsfrist abzuholen. Nicht Abgeholtes darf auf seine Kosten entsorgt werden.

4. Beistandspflicht des wirtschaftlich Stärkeren bei Trennung

a) Keine gemeinsamen Kinder

Sollte einer von uns sein Arbeitspensum auf weniger als ..... Prozent [Zahl] reduziert bzw. nicht über ..... Prozent [Zahl] aufgestockt haben, um den gemeinsamen Haushalt zu führen und/oder den kranken Partner zu pflegen und/oder dessen Kinder zu betreuen, kann der haushaltführende oder pflegende Partner vom anderen eine Unterhaltszahlung von Fr. ..... [Betrag] pro Monat für die Dauer eines Jahres fordern.

b) Gemeinsame Kinder

Einen Betreuungsunterhalt regeln wir in einem separaten Unterhaltsvertrag. Bis zum rechtsverbindlichen Abschluss eines solchen Vertrags gilt Folgendes: Sollte ein Partner sein Arbeitspensum auf weniger als ..... Prozent [Zahl] reduziert haben, um sich der Betreuung gemeinsamer Kinder zu widmen, hat ihm der andere Partner einen monatlichen Unterhalt von Fr. ..... [Betrag] zu bezahlen. Dieser Betrag ist bis zum ..... [Zahl] Geburtstag des jüngsten gemeinsamen Kindes geschuldet. Dann reduzieren sich die Alimente auf Fr. ..... [Betrag] pro Monat bis zum ..... [Zahl] Geburtstag des jüngsten Kindes. Danach sind keine Alimente mehr geschuldet. Der Einfachheit halber verzichten wir auf eine Teuerungsanpassung.

Die Alimente sind ab dem Ablauf der Kündigungsfrist gemäss Ziffer 3 zu bezahlen.

Der Unterhalt ist nicht geschuldet, solange der oder die Zahlungspflichtige Ergänzungsleistungen zu einer AHV- oder IV-Rente oder Sozialhilfe beanspruchen muss. Die Zahlungspflicht gemäss Ziffer 4a ruht ebenfalls, solange der Pflichtige mit seinem Nettoeinkommen seinen eigenen Bedarf nicht angemessen decken kann. Als Bedarf gilt das um 20 Prozent erhöhte betreibungsrechtliche Existenzminimum am Wohnort. Sollte der Zahlungspflichtige für den Unterhalt von eigenen Kindern aufkommen müssen, die nach der Trennung geboren werden, darf er pro Kind Fr. ..... [Betrag] in seinen Bedarf einrechnen. Dagegen wird der Bedarf eines neuen Ehe- oder Lebenspartners nicht berücksichtigt.

Übersteigt das Nettoeinkommen des Zahlungspflichtigen zwar den oben genannten Bedarf, reicht es aber nicht, um den ganzen vereinbarten Unterhalt zu zahlen, ist nur der Überschuss geschuldet.

Die Einstellung oder Reduktion der Unterhaltszahlungen ist erst nach Vorlegen eines schriftlichen Nachweises für die entfallene oder verminderte Zahlungspflicht erlaubt.

Wenn die unterhaltbeziehende Seite heiratet, entfällt die Zahlungspflicht ab dem Heiratsdatum. Lebt sie länger als ein Jahr mit einem Lebenspartner in Hausgemeinschaft, ruht die Unterhaltspflicht, solange diese Lebensgemeinschaft andauert.

Bei der Unterzeichnung dieses Vertrags erzielte ..... [Name der Konkubinatspartnerin] ein jährliches Nettoeinkommen von 13 x Fr. ..... [Betrag] = Fr. ..... [Betrag]. ..... [Name des Konkubinatspartners] verdiente jährlich netto 13 x Fr. ..... [Betrag] = Fr. ..... [Betrag].

5. Beteiligung am wirtschaftlichen Erfolg des anderen*

Hat einer oder haben beide Partner während der Dauer unserer Haushaltsgemeinschaft Ersparnisse aus Erwerbseinkommen bilden können, wollen wir diese bei einer Trennung je hälftig aufteilen. Als Beginn unserer wirtschaftlichen Gemeinschaft gilt der ..... [Datum]. ..... [Name der Konkubinatspartnerin] hatte zu diesem Zeitpunkt Fr. ..... [Betrag], ... [Name des Konkubinatspartners] Fr. ..... [Betrag] Ersparnisse. Diese Beträge werden nicht geteilt. Wir ziehen sie je von unserem Vermögensstand per Trennungstag ab.

Geteilt werden nur positive Saldi; einen Minusstand trägt jede Seite selber. Als Auflösung gilt der Tag, an dem ein Partner die gemeinsame Wohnung verlässt.

6. Gültigkeit und Abänderung des Vertrags

Dieser Vertrag tritt nach Unterzeichnung in Kraft. Er kann jederzeit in gegenseitigem Einverständnis schriftlich abgeändert werden.

..... [Ort, Datum]

..... [Name der Konkubinatspartnerin]   ..... [Name des Konkubinatspartners]

Geprüft und erneuert am: ..... [Datum]   Unterschriften: ....

* Solche Zahlungen können je nach Steueramt einer Schenkungssteuer unterliegen.

Miet- bzw. Untermietvertrag mit Wohneigentümer bzw. Mieter

Mietvertrag

..... [Name der Konkubinatspartnerin] wird per ..... [Datum] in die Liegenschaft [oder: die Mietwohnung] von ..... [Name des Konkubinatspartners] an der ..... [Adresse] einziehen. ..... [Name der Konkubinatspartnerin] ist berechtigt, sämtliche Räumlichkeiten inklusive Kellerabteil mitzubenutzen.

..... [Name der Konkubinatspartnerin] verpflichtet sich, ... [Name des Konkubinatspartners] einen monatlichen Mietzins von Fr. ..... [Betrag] zu zahlen. Im Mietzins sind sämtliche Nebenkosten wie Heizung und Warmwasser bereits enthalten. Der Mietzins ist im Voraus zu zahlen, erstmals per ..... [Datum].

Dieser Vertrag ist auf unbefristete Zeit abgeschlossen. Das Mietverhältnis können beide Parteien unter Einhaltung einer Kündigungsfrist von drei Monaten auf das Ende jedes Monats kündigen.

Zieht ..... [Name der Konkubinatspartnerin] vorzeitig aus, hat sie den Mietzins bis zum Ablauf der Kündigungsfrist oder bis zur Übernahme des Mietverhältnisses durch einen zumutbaren Ersatzmieter weiter zu zahlen.

..... [Name der Konkubinatspartnerin] hat ihren Hausrat sowie alle ihre persönlichen Sachen bis spätestens 14 Tage nach Ablauf der obigen Kündigungsfrist abzuholen. Danach dürfen sie auf ihre Kosten entsorgt werden.

Verweigert ..... [Name des Konkubinatspartners] den Zutritt zur Wohnung oder zieht ..... [Name der Konkubinatspartnerin] aus wichtigen Gründen, zum Beispiel wegen häuslicher Gewalt, vorzeitig aus, schuldet ..... [Name der Konkubinatspartnerin] ab Zutrittsverweigerung bzw. ab Auszug aus wichtigem Grund keinen Mietzins mehr. Erfolgt die Zutrittsverweigerung ohne wichtigen Grund, kann ..... [Name der Konkubinatspartnerin] Schadenersatz geltend machen.

..... [Ort, Datum]

..... [Name der Konkubinatspartnerin] ..... [Name des Konkubinatspartners]

Inventar

Inventar

von ..... [Name der Konkubinatspartnerin] und ..... [Name des Konkubinatspartners], beide wohnhaft an ..... [Adresse]

..... [Name der Konkubinatspartnerin] ist Alleineigentümerin der folgenden Gegenstände [führen Sie die Gegenstände der Partnerin auf]:

- .....
- .....

..... [Name des Konkubinatspartners] ist Alleineigentümer der folgenden Gegenstände [führen Sie die Gegenstände des Partners auf]:

- .....
- .....

Folgende Gegenstände gehören uns gemeinsam. Wir haben daran Miteigentum [führen Sie die gemeinsamen Gegenstände auf]:

- .....
- .....

Alle im Inventar nicht aufgeführten Gegenstände in unserer Wohnung, im Keller, auf dem Estrich, im Bastelraum, auf dem Balkon, auf der Terrasse und in der Garage, mit Ausnahme der Kleider, sind Alleineigentum des Partners, der über eine Quittung oder über einen auf ihn ausgestellten Kaufvertrag verfügt. Bei einer Trennung behalten ..... [Name der Konkubinatspartnerin] und ..... [Name des Konkubinatspartners] diese sowie die im Inventar als ihr Alleineigentum bezeichneten Gegenstände.

Alle anderen nicht im Inventar aufgeführten Gegenstände gelten im Streitfall als Miteigentum. Sollten wir uns über die Aufteilung der im Miteigentum stehenden Sachen nicht einigen können, entscheidet das Los. Die Losziehung organisiert unser gemeinsamer Bekannter, ... [Name]; als Ersatzperson bestimmen wir ..... [Name].

Bleibt ein Partner bei einer Trennung in der gemeinsamen Wohnung, hat der ausziehende seine Sachen bis spätestens 14 Tage nach der vereinbarten Kündigungsfrist oder – bei deren Fehlen – nach dem Auszug abzuholen. Nicht fristgerecht Abgeholtes darf auf seine Kosten entsorgt werden.

..... [Ort, Datum]

..... [Name der Konkubinatspartnerin] ..... [Name des Konkubinatspartners]

Aktualisiert am: ..... [Datum] Unterschriften: ....

Darlehensvertrag/Schuldanerkennung

1. Schuldanerkennung

..... [Name des Konkubinatspartners] bestätigt, von ..... [Name der Konkubinatspartnerin] ein Darlehen in der Höhe von Fr. ..... [Betrag] erhalten zu haben.

2. Rückzahlung

..... [Name des Konkubinatspartners] verpflichtet sich, das Darlehen in monatlichen [oder: halbjährlichen, jährlichen] Raten von Fr. ..... [Betrag] an ..... [Name der Konkubinatspartnerin] zurückzuzahlen. Die erste Rate wird am ..... [Datum] zur Zahlung fällig. Gerät ..... [Name des Konkubinatspartners] mit der Rückzahlung des Darlehens um mehr als zwei Raten in Verzug, ist ..... [Name der Konkubinatspartnerin] berechtigt, die Rückzahlung des gesamten ausstehenden Betrags (zuzüglich allfälliger Zinsen) innert vier Wochen zu fordern.

Variante:

..... [Name des Konkubinatspartners] verpflichtet sich, das gesamte Darlehen im Betrag von Fr. ..... [Betrag] schnellstmöglich, jedoch spätestens bis zum ..... [Datum] zurückzuzahlen.

Variante:

..... [Name der Konkubinatspartnerin] kann das Darlehen jederzeit mit einer Frist von drei Monaten [oder andere Frist] kündigen.

3. Zinsen

..... [Name des Konkubinatspartners] hat das Darlehen mit einem Jahreszins von .... Prozent [Zahl, erlaubt: maximal 15 Prozent] zu verzinsen.

Variante:

Die Parteien verzichten ausdrücklich auf eine Verzinsung des Darlehens.

Dieser Vertrag wurde im Doppel (Original und Kopie) je mit Originalunterschriften erstellt.

..... [Ort, Datum]

..... [Name der Konkubinatspartnerin] ..... [Name des Konkubinatspartners]

Arbeitsvertrag

Arbeitsvertrag

zwischen ..... [Name der Konkubinatspartnerin] (Arbeitgeberin) und ..... [Name des Konkubinatspartners] (Arbeitnehmer)

Das Arbeitsverhältnis beginnt am ..... [Datum] und ist auf unbestimmte Zeit abgeschlossen. Es gilt keine Probezeit. Das Arbeitsverhältnis kann mit einmonatiger Kündigungsfrist, jeweils auf jedes Monatsende, aufgelöst werden.

Der Arbeitnehmer ist als Buchhalter angestellt und direkt der Arbeitgeberin unterstellt.

Die wöchentliche Arbeitszeit beträgt zehn Stunden. Allfällige Überstunden werden in erster Linie durch Freizeit ausgeglichen. In Ausnahmefällen kann die Arbeitgeberin eine finanzielle Abgeltung 1:1 anordnen.

Der Arbeitnehmer hat Anspruch auf vier Wochen bezahlte Ferien pro Jahr.

Der Arbeitnehmer erhält ein monatliches Salär von Fr. ..... [Betrag]. Davon werden die üblichen Sozialversicherungsbeiträge abgezogen. Jeweils im Dezember wird ein 13. Monatssalär ausgerichtet.

Bei Arbeitsunfähigkeit wegen Unfalls ist der Arbeitnehmer gemäss den gesetzlichen Vorschriften gegen Betriebs- und Nichtbetriebsunfall versichert. Bei Arbeitsunfähigkeit infolge Krankheit gelten die Bestimmungen des Obligationenrechts.

..... [Ort, Datum]

..... [Name der Konkubinatspartnerin] ..... [Name des Konkubinatspartners]

Generalvollmacht

Ich, ... [Name der Konkubinatspartnerin], geboren am ..... [Datum], Bürgerin von ..... [Bürgerort oder Staatsangehörigkeit], wohnhaft in ..... [Adresse],

bevollmächtige hiermit

..... [Name des Konkubinatspartners], geboren am ..... [Datum], Bürger von ..... [Bürgerort oder Staatsangehörigkeit], wohnhaft in ..... [Adresse],

mich bei der Regelung all meiner Geschäftsangelegenheiten zu vertreten, insbesondere gegenüber Gerichten, Banken, Versicherungen, Sozialeinrichtungen, Heimen, Spitälern,

Behörden und Amtsstellen. Der Bevollmächtigte ist befugt, alle Arten von Rechtshandlungen und Rechtsgeschäften in meinem Namen und auf meine Rechnung vorzunehmen, insbesondere Geld, Wertschriften und andere Vermögenswerte entgegenzunehmen, zu verkaufen oder zu erwerben, Versicherungs- und Sozialleistungen zu beantragen und die finanziellen Verpflichtungen zu erfüllen, über sämtliche auf meinen Namen hinterlegten Vermögenswerte und meine Konten zu verfügen und Verbindlichkeiten einzugehen. Er darf auch Liegenschaften verkaufen oder belasten.

Diese Vollmacht gilt auch für den Fall meiner Urteilsunfähigkeit und über meinen Tod hinaus bis zum Widerruf durch mich oder einen meiner Erben oder Erbinnen.

..... [Ort, Datum]

..... [Name der Konkubinatspartnerin]

Spezialvollmacht

Ich, ... [Name der Konkubinatspartnerin], geboren am ..... [Datum], Bürgerin von ..... [Bürgerort oder Staatsangehörigkeit], wohnhaft in ..... [Adresse],

bevollmächtige hiermit

..... [Name des Konkubinatspartners], geboren am ..... [Datum], Bürger von ..... [Bürgerort oder Staatsangehörigkeit], wohnhaft in ..... [Adresse],

in meinem Namen und auf meine Rechnung folgende Geschäfte zu tätigen:

- das Öffnen meiner Post
- das Bezahlen meiner laufenden Rechnungen aus meinem Konto bei der ..... [Name der Bank]
- ..... [weitere Geschäfte, die der Bevollmächtigte übernehmen soll]

Diese Vollmacht gilt auch für den Fall meiner Urteilsunfähigkeit und über meinen Tod hinaus bis zum Widerruf durch mich oder einen meiner Erben oder Erbinnen.

..... [Ort, Datum]

..... [Name der Konkubinatspartnerin]

Entbindung vom Arztgeheimnis/Patientenverfügung

Ich, ... [Name der Konkubinatspartnerin], geboren am ..... [Datum], Bürgerin von ..... [Bürgerort oder Staatsangehörigkeit], wohnhaft in ..... [Adresse], entbinde die behandelnden Ärzte und Pflegepersonen gegenüber meinem Lebenspartner ..... [Name des Konkubinatspartners], geboren am ..... [Datum], Bürger von ..... [Bürgerort oder Staatsangehörigkeit], wohnhaft in ..... [Adresse], ausdrücklich vom Patientengeheimnis.

Für den Fall, dass ich wegen Krankheit oder nach einem Unfall nicht urteilsfähig bin, haben die behandelnden Ärzte und Pflegepersonen die notwendigen Entscheide über meine medizinische Behandlung sowie über die Beibehaltung oder den Abbruch von lebensverlängernden Massnahmen nach Rücksprache mit meinem Lebenspartner zu treffen.

..... [Ort, Datum]

..... [Name der Konkubinatspartnerin]

Vorsorgeauftrag

Der Vorsorgeauftrag muss von Anfang bis Ende handschriftlich verfasst, datiert und unterzeichnet sein. Schreiben Sie diesen Text von Hand ab und passen Sie ihn an Ihre Situation an. Wählen Sie bei Punkt 2 Variante a oder b. Können Sie den Vorsorgeauftrag nicht von Hand schreiben, müssen Sie ihn öffentlich beurkunden lassen.

Vorsorgeauftrag von

Franca M., Sonnenstrasse 17, 8001 Zürich
Geboren am 10. September 1965, Bürgerin von Sachseln OW

Sollte ich nicht mehr in der Lage sein, selber Entscheidungenzu treffen, setze ich gestützt auf Artikel 360 ZGB meine Lebenspartnerin,

Karin S., Luvstrasse 36, 8702 Zollikon, als meine Vorsorgebeauftragte ein.

Für den Fall, dass Frau S. diesen Vorsorgeauftrag nicht annehmen kann, bestimme ich als Ersatz: Daniel H., Lagestrasse 12, 3050 Bern.

1. Personensorge
Die beauftragte Person bestimmt, welche Massnahmen im Hinblick auf meine optimale Betreuung, Pflege und medizinische Versorgung zu treffen sind. Sofern ich spezielle Anordnungen in einer Patientenverfügung erlasse, gilt diese, und die beauftragte Person hat für die Ausführung zu sorgen.

2. Vermögenssorge

Variante a:

Die beauftragte Person verwaltet mein Einkommen und Vermögen und sorgt für die Bezahlung meiner Rechnungen. Sie ist befugt, eingeschriebene Post entgegenzunehmen und meine Post zu öffnen.

Variante b:

Die beauftragte Person verwaltet mein Einkommen und Vermögen und sorgt für die Bezahlung meiner Rechnungen. Sie ist befugt, eingeschriebenen Post entgegenzunehmen und meine Post zu öffnen. Sie kann auch über mein Vermögen verfügen, zum Beispiel: meinen Haushalt liquidieren, Erbschaften annehmen oder ausschlagen, Erbverträge und Erbteilungsverträge abschliessen, meine Grundstücke veräussern, verpfänden oder dinglich belasten.

3. Vertretung im Rechtsverkehr

Sie ist bevollmächtigt, alle für die Personen- und Vermögenssorge notwendigen Vorkehrungen zu treffen und die dafür nötigen Verträge abzuschliessen oder zu kündigen.

4. Spesen und Entschädigung

Notwendige Auslagen sind der beauftragten Person zu ersetzen. Für ihren zeitlichen Aufwand darf sie 30 Franken pro Stunde berechnen. Nicht zu entschädigen sind ihre freiwilligen Besuche bei mir zu Hause, im Heim oder Spital.

Zürich, 20. Oktober 2023

Franca M.

Gesellschaftsvertrag

Zwischen ..... [Name der Konkubinatspartnerin] und ..... [Name des Konkubinatspartners] besteht eine einfache Gesellschaft nach Art. 530 ff. OR. Sie hat folgenden Zweck: gemeinsames Eigentum, Bewohnen und Unterhalt der Liegenschaft ..... [Adresse].

Damit ..... [Name der Konkubinatspartnerin] ihr Pensionskassenguthaben als Eigenmittel einsetzen kann, vereinbaren wir entgegen der gesetzlichen Regel Miteigentum. Die Liegenschaft wurde wie folgt finanziert:

- ..... [Name der Konkubinatspartnerin]: Fr. ..... [Betrag] als Eigenkapital (Vorbezug Pensionskasse)
- ..... [Name des Konkubinatspartners]: Fr. ..... [Betrag] als Eigenkapital
- Restlicher Kaufpreis: Hypothekarkredit über Fr. ..... [Betrag]

Im Grundbuch ist ..... [Name der Konkubinatspartnerin] als Miteigentümerin zu ..... [Bruchteil], ... [Name des Konkubinatspartners] als Miteigentümer zu ..... [Bruchteil] eingetragen. In diesem Verhältnis sind sie auch am Gesellschaftsvermögen und am Gewinn oder Verlust beteiligt. Die nötigen Beiträge wie Hypothekarzinsen, Amortisationen und Nebenkosten tragen die Gesellschafter je zur Hälfte.

Jeder Gesellschafter hat das Recht, unter Einhaltung einer Kündigungsfrist von ..... Monaten [Anzahl] die Auflösung der Gesellschaft zu verlangen. ..... [Name des Konkubinatspartners] hat das Recht, nach Ablauf dieser Kündigungsfrist die Liegenschaft in sein Alleineigentum zu übernehmen. Können sich die Gesellschafter nicht über den Übernahmepreis einigen, gilt die Verkehrswertschätzung der ..... [Name der Bank].

..... [Name der Konkubinatspartnerin] erhält als Übernahmepreis ..... [Bruchteil] von folgendem Saldo: Verkehrswert abzüglich der Hypothekarbelastung, der Hälfte der Grundstückgewinn- und Handänderungssteuer sowie der Hälfte aller Gebühren für Notar und Grundbuchamt.

Ist es ..... [Name des Konkubinatspartners] nicht möglich, diesen Übernahmepreis innert ..... [Anzahl] Monaten nach der Kündigung an ..... [Name der Konkubinatspartnerin] zu zahlen, wird die Liegenschaft verkauft. Als Verkäufer wird ..... [Name des Maklers] beauftragt. Die Liquidationskosten haben die Gesellschafter hälftig zu tragen.

Liegt die Verkehrswertschätzung unter dem Einstandspreis (Wertverlust), haben beide Seiten das Recht, die öffentliche Versteigerung zu verlangen. Jeder Gesellschafter ist nach erfolgter Auflösung der Gesellschaft befugt, die Anmeldung einen Monat nach Erhalt der Schätzung vorzunehmen.

Stirbt ein Gesellschafter, geht sein Anteil an den überlebenden Gesellschafter, die überlebende Gesellschafterin. Die Erben des verstorbenen Gesellschafters werden durch eine Geldzahlung abgefunden, die dem Liquidationsanteil des Verstorbenen nach obiger Regelung per Todestag entspricht.

..... [Ort, Datum]

..... [Name der Konkubinatspartnerin] ..... [Name des Konkubinatspartners]

Brief an die Kindes- und Erwachsenenschutzbehörde (Kesb)

Sehr geehrte Damen und Herren

Ich, ... [Ihr Name] (geboren am ..... [Datum], Bürger/Bürgerin von ..... [Bürgerort]), wünsche, dass im Fall meines Todes ..... [Name der Vormundin] zur Vormundin meiner Kinder, ... [Name], geboren am ..... [Datum], und ..... [Name], geboren am ..... [Datum], ernannt wird. Meine Kinder haben ein enges Verhältnis zu ..... [Name der Vormundin] Sie betreut die beiden schon heute regelmässig während zweier Tage pro Woche und geniesst mein volles Vertrauen.

Für den Fall, dass ..... [Name der Vormundin] nicht als Vormundin für meine Kinder bestellt wird, wünsche ich, dass sie als Pflegemutter die Obhut über sie erhält, damit ..... [Name] und ..... [Name] bei ihr aufwachsen können.

..... [Ort, Datum]

..... [Ihr Name]

Erklärung des gemeinsamen Sorgerechts/ Elternvereinbarung

..... [Name der Konkubinatspartnerin] (Mutter) und ..... [Name des Konkubinatspartners] (Vater) leben mit ihrem Kind ..... [Name des Kindes], geboren am ..... [Datum], im gemeinsamen Haushalt an der ..... [Adresse]. Die Mutter arbeitet ..... [Anzahl] Tage pro Woche als ..... [Beruf] und verdient monatlich Fr. ..... [Betrag] netto. Der Vater hat ein volles Arbeitspensum als ..... [Beruf]. Er verdient Fr. ..... [Betrag] netto pro Monat.

Die Eltern erklären die gemeinsame elterliche Sorge für ihr Kind. Sie bestätigen, dass sie bereit sind, die Verantwortung für ..... [Name des Kindes] gemeinsam zu tragen, und dass sie sich über ihre Anteile an der Betreuung und über die Verteilung der Unterhaltskosten geeinigt haben.

Die Eltern vereinbaren, dass die AHV-Erziehungsgutschriften für ..... [Name des Kindes] zu 100 Prozent auf dem AHV-Konto der Mutter zu verbuchen sind (AHV-Nr. __).

Ändern sich die Verhältnisse, insbesondere bei einer Trennung, einigen sich die Eltern über ihren jeweiligen Anteil an der Betreuung und an den Unterhaltskosten. Sie nehmen dabei Rücksicht auf die Bedürfnisse und die Meinung von ..... [Name des Kindes] und auf ihre tatsächlichen Lebensverhältnisse.

Können sich die Eltern bezüglich der Kinderbelange nicht mehr verständigen, wenden sie sich an eine Elternberatungsstelle, an eine Mediatorin oder eine andere geeignete Fachperson, damit eine gemeinsame, im Interesse des Kindes und der Eltern tragfähige Lösung für die Zukunft gefunden werden kann. Bis dahin gelten ab dem auf die Trennung folgenden Monat folgende vorsorglichen Konfliktregeln:

1. Betreuung und Besuchsrecht
..... [Name des Kindes] wird mehrheitlich von der Mutter betreut und lebt unter ihrer Obhut. Der Vater beteiligt sich im Rahmen seiner Möglichkeiten an der Betreuung des Kindes. Er übernimmt insbesondere die Betreuung am ..... [Tag(e) und Uhrzeit], wenn die Mutter arbeitet. Dies längstens bis zum 12. Geburtstag von ..... [Name des Kindes].

Der Vater ist zudem berechtigt und verpflichtet, ... [Name des Kindes] auf seine Kosten jedes zweite Wochenende (von Freitag, 18.30 Uhr, bis Sonntag, 18.30 Uhr) zu sich auf Besuch zu nehmen.

Pro Kalenderjahr hat der Vater das Recht und die Pflicht, mit ..... [Name des Kindes] zwei Wochen Ferien an einem Ort seiner Wahl und auf seine Kosten zu verbringen. Er verpflichtet sich, der Mutter zumindest das Ferienland zu nennen.

Weihnachten feiert ..... [Name des Kindes] beim Vater in geraden Jahren an Heiligabend, in ungeraden Jahren am 25. Dezember. Dieses Feiertagsbesuchsrecht dauert vom ..... [Tag und Uhrzeit], bis ..... [Tag und Uhrzeit], respektive vom ..... [Tag und Uhrzeit], bis ..... [Tag und Uhrzeit].

2. Kinderunterhalt
Bei Auflösung der Hausgemeinschaft verpflichtet sich der Vater, folgende Unterhaltsbeiträge für [Name des Kindes] zu zahlen:

- Fr. ..... [Betrag] Barunterhalt inklusive Krippenkosten
  Fr. ..... [Betrag] Betreuungsunterhalt
  Fr. .... [Betrag] Total von der Geburt bis zum 6. Geburtstag
- Fr. ..... [Betrag] Barunterhalt inklusive Hortkosten
  Fr. ..... [Betrag] Betreuungsunterhalt
  Fr. .... [Betrag] Total vom 6. bis zum 12. Geburtstag
- **Fr. .... [Betrag]** Barunterhalt vom 12. Geburtstag über die Volljährigkeit hinaus bis zum Abschluss der Ausbildung

Ausserordentliche Unterhaltskosten im Sinn von Artikel 286 Absatz 3 ZGB sind durch diese Beträge nicht abgedeckt. Darunter fallen insbesondere die Kosten für eine Zahnkorrektur, die Kosten für eine medizinische Behandlung, wenn sie nach Abzug der Franchise und des Selbstbehalts 200 Franken pro Kalenderjahr übersteigen, oder die Auslagen für vorübergehend notwendigen Stützunterricht. Die Eltern sind verpflichtet, solche Kosten im Verhältnis zu ihren Nettoeinkommen zu übernehmen. Der Vater hat seinen Anteil innert Monatsfrist nach Vorlage eines schriftlichen Nachweises an die Mutter zu überweisen.

Soweit dem Vater gesetzliche oder vertragliche Familienzulagen zustehen, ist er verpflichtet, sie zu beziehen und zusätzlich zum Unterhaltsbeitrag an sein Kind weiterzuleiten.

Ab dem ersten Monat der Trennung sind die Unterhaltsbeiträge und Zulagen im Voraus auf den Ersten jedes Monats an die Mutter zu zahlen. Lebt ..... [Name des Kindes] nach dem 18. Geburtstag immer noch im selben Haushalt mit der Mutter, darf der Vater die Unterhaltsbeiträge weiterhin an die Mutter zahlen, sobald er eine entsprechende schriftliche Anweisung von ..... [Name des Kindes] erhält.

Die Unterhaltsbeiträge basieren auf folgenden Zahlen:

- aktuelles Jahreseinkommen (brutto) des Vater Fr. ..... [Betrag]
- Vermögen des Vaters per ..... [Datum] Fr. ..... [Betrag]
- aktuelles Jahreseinkommen (brutto) der Mutter Fr. ..... [Betrag]]
- Vermögen der Mutter per ..... [Datum] Fr. ..... [Betrag]
- Monatlicher Bedarf von [Name des Kindes] (inkl. Krippe) Fr. ..... [Betrag]
- Betreuung durch den Vater: jedes zweite Wochenende und am ..... [Tag(e) und Uhrzeit] bis zum 12. Geburtstag von ..... [Name des Kindes]

Die Unterhaltsbeiträge basieren auf dem Landesindex der Konsumentenpreise des Bundesamts für Statistik, Stand ..... [Datum] mit ..... [Indexangabe] (Basis Dezember ..... [Jahr] = 100 Punkte). Sie sind jeweils auf den 1. Januar eines jeden neuen Jahres, erstmals per ..... [Datum], dem Indexstand Ende November des Vorjahrs anzupassen. Die Anpassung erfolgt nach folgender Formel:

$$\text{neuer Unterhaltsbeitrag} = \frac{\text{bisheriger Unterhaltsbeitrag x Index November Vorjahr}}{\text{Index bei Vertragsschluss}}$$

Eine Anpassung erfolgt nur, wenn die Teuerung gestiegen ist, und unabhängig davon, ob sich das Einkommen des Vaters verändert hat. Eine Senkung ist ausgeschlossen.

3. Genehmigung

Diese Vereinbarung tritt erst nach Genehmigung durch die Kindes- und Erwachsenenschutzbehörde (Kesb) in Kraft.

..... [Ort, Datum]

..... [Name der Konkubinatspartnerin] ..... [Name des Konkubinatspartners]

Testament

Das Testament muss entweder von Anfang bis Ende von Hand geschrieben, datiert und unterzeichnet sein oder bei einer Urkundsperson (meist auf dem Notariat) errichtet und öffentlich beurkundet werden. Passen Sie das folgende Muster an Ihre Situation und Ihre Bedürfnisse an.

Ich, Sacha D., geboren am 25. Oktober 1970, Bürger von Arlesheim, verfüge letztwillig wie folgt:

1. Ich widerrufe sämtliche letztwilligen Verfügungen, die ich jemals getroffen habe.

2. Ich bestimme meine Lebenspartnerin Giulia V. zur Alleinerbin [kann Pflichtteile verletzen].

3. Verlangen Pflichtteilserben ihren Pflichtteil, erhalten sie diesen als Vermächtnis. Meine Lebenspartnerin kann meine Pflichtteilserben durch eine Geldzahlung abfinden.

4. Diese letztwillige Verfügung gilt unter dem Vorbehalt, dass die Partnerschaft zwischen mir und Giulia V. bis zu meinem Tod Bestand hat. Sollte diese Frage unter den Erben strittig sein, ist massgebend, ob Giulia V. zum Zeitpunkt meines Todes an meiner Wohnadresse angemeldet war.

5. Ich bestimme meine Lebenspartnerin Giulia V. zur Willensvollstreckerin. Sollte sie das Mandat ablehnen, bestimme ich ersatzweise Frau Rita M.

Astano, 14. November 2023

Sacha D.

Berechnungsbeispiele für den Kinderunterhalt

Berechnung für ein Oberstufenkind

Kommt das jüngste Kind in die Oberstufe – mit ca. 12 Jahren –, wird von der Mutter ein 80-Prozent-Pensum erwartet.

UNTERHALTSBERECHNUNG FÜR LUCA AB DER OBERSTUFE

	Mutter	Vater	Luca	Total Familie
Einkommen (netto inkl. Bonus oder 13. Monatslohn)	**3735**	**6800**	**200**	**10735**
Grundbedarf laut kantonaler Richtlinie	1350	1200	600	
Miete	1500	1400	500	
Mietanteil Luca	–500			
Krankenkasse	350	350	100	
Versicherungen/Kommunikation	100	100		
Berufskosten (auswärtige Verpflegung und Wegkosten)	180	280		
Steuern	300	500	50	
Steueranteil Luca	–50			
Weitere Kinderkosten (hier Mittagstisch)			240	
Total Lebensbedarf	**3230**	**3830**	**1490**	**8550**
Einkommen minus Lebensbedarf = Überschuss	**505**	**2970**	**–1290** (Manko)	**2185**
Barunterhalt = Manko von Luca			1290	
zuzüglich ein Drittel vom Überschuss des Vaters abzüglich Manko von Luca (1290)			560	
Total Kinderunterhalt			**1850**	

Der Überschuss kann auch anders aufgeteilt werden. Bei dieser Aufteilung verbleiben beim Vater nach Bezahlung der Kinderalimente 1120 Franken. Der Mutter dagegen verbleiben nur 505 Franken

Nützliche Adressen

Rechtsberatung

www.beobachter.ch
Das Wissen und der Rat der Fachleute stehen den Mitgliedern des Beobachters im Internet und am Telefon zur Verfügung. Wer kein Abonnement der Zeitschrift oder von Guider hat, kann online oder am Telefon eines bestellen und erhält sofort Zugang zu den Dienstleistungen.

- www.guider.ch: Guider ist der digitale Berater des Beobachters mit vielen hilfreichen Antworten bei Rechtsfragen.
- Beratung am Telefon: Montag bis Freitag von 9 bis 13 Uhr. Direktnummern der Fachbereiche unter www.beobachter.ch/beratung (→ Telefonische Beratung)
- Kurzberatung per E-Mail: Links unter www.beobachter.ch/beratung (→ E-Mail-Beratung)
- Anwaltssuche: vertrauenswürdige Anwälte und Anwältinnen in Ihrer Region unter www.beobachter.ch/beratung (→ Anwaltssuche).

Staatssekretariat für Migration SEM
Quellenweg 6
3084 Wabern bei Bern
Tel. 058 465 11 11
www.sem.admin.ch
Informationen für Ausländer

Demokratische Juristinnen
und Juristen Schweiz (DJS)
Schwanengasse 9
3011 Bern
Tel. 078 617 87 17
www.djs-jds.ch
Liste der Mitglieder mit Spezialgebieten

Frauenzentralen Schweiz
Sekretariat im Turnus bei den kantonalen Stellen, aktuell:
Tel. 041 725 26 66
www.frauenzentrale.ch
Adressen der Frauenzentralen, die kostengünstige Rechtsberatung anbieten

Schweizerischer Anwaltsverband
Marktgasse 4
3001 Bern
Tel. 031 313 06 06
www.sav-fsa.ch
Liste der Rechtsauskunftsstellen der kantonalen Anwaltsverbände, Liste der Mitglieder mit ihren Spezialgebieten

Unentgeltliche oder kostengünstige Rechtsberatung bieten je nach Kanton die Gerichte, die Kirchgemeinden und die kantonalen Anwaltsverbände an.

Homosexuelle Paare

LOS – Lesbenorganisation Schweiz
Monbijoustrasse 73
3007 Bern
Tel. 079 727 40 97
www.los.ch

Pink Cross
Monbijoustrasse 73
3000 Bern
Tel. 031 372 33 00
www.pinkcross.ch

Eltern / Kinder

Institut für Rechtsmedizin
der Universität Zürich
Winterthurerstrasse 190/52
8057 Zürich
Tel. 044 635 56 11
www.irm.uzh.ch (→ Forensische Genetik)
www.ch.ch/de/vaterschaftstest

www.kinderbetreuung-schweiz.ch
Suche nach Kinderbetreuungsstätten

Schweizerisches Rotes Kreuz
Kinderbetreuung zu Hause
3001 Bern
Tel. 058 400 41 11
www.redcross.ch (→ Unterstützung im Alltag)

Schweizerischer Verband alleinerziehender Mütter und Väter (SVAMV)
Postfach 334
3006 Bern
Tel. 031 351 77 71
www.svamv.ch

Schweizerischer Verband für schulische Tagesbetreuung
Limmatauweg 18g
5408 Ennetbaden
Tel. 056 222 06 63
www.bildung-betreuung.ch

Verband Kinderbetreuung Schweiz
Josefstrasse 53
8005 Zürich
Tel. 044 212 24 44
www.kibesuisse.ch

Verein für elterliche Verantwortung
056 552 02 05
www.vev.ch

Finanzielle Fragen

Erste Anlaufstelle bei finanziellen Problemen ist das Sozialamt Ihrer Wohngemeinde. Dort erhalten Sie auch die Adresse des kantonalen Sozialdienstes.

Alimenteninkasso und -bevorschussung

Die zuständige Stelle erfahren Sie auf der Gemeindekanzlei oder finden Sie im Internet unter www.svamv.ch (→ Alleinerziehen → Alimenteninkasso und Bevorschussung).

www.ahv-iv.ch (→ Kontakte)
Adressen der Ausgleichskassen

Budgetberatung Schweiz
Dachverband
6000 Luzern
www.budgetberatung.ch
Merkblätter, Budgetvorschläge und Adressen von Beratungsstellen

Bundesamt für Justiz
Zentralbehörde internationale Alimentensachen
Bundesrain 20
3003 Bern
Tel. 058 464 80 48
www.bj.admin.ch (→ Gesellschaft → Internationale Alimentensachen)
Eintreiben von Alimenten im Ausland

Bundesamt für Sozialversicherung
Effingerstrasse 20
3008 Bern
Tel. 058 462 90 11
www.bsv.admin.ch
Informationen zu AHV, Pensionskasse, Unfallversicherung, Familienzulagen

Schuldenberatung Schweiz
www.schulden.ch
Adressen von seriösen Schuldenberatungsstellen

Schweizerische Konferenz für Sozialhilfe (SKOS)
Monbijoustrasse 22
3000 Bern 14
Tel. 031 326 19 19
www.skos.ch

Schweizerische Stiftung des Internationalen Sozialdienstes

- Hofwiesenstrasse 3
  8057 Zürich
  Tel. 044 366 44 77
  Deutschschweiz (ohne Bern)
- 9, Rue du Valais
  Postfach 1469
  1202 Genève
  Tel. 022 731 67 00
  Westschweiz, Tessin und Kanton Bern

www.ssiss.ch/de
Eintreiben von Alimenten im Ausland

Stiftung Auffangeinrichtung BVG
Deutschschweiz
Postfach
8050 Zürich
Tel. 041 799 75 75
www.aeis.ch

VZ VermögensZentrum
Gotthardstrasse 6
8002 Zürich
Tel. 044 207 27 27
www.vermoegenszentrum.ch
Beratung zu Vorsorge und Versicherungen; weitere Filialen u.a. in Bern, Basel, Lausanne, St. Gallen und Zug

Krankheit / Pflege / Patientenverfügungen

Caritas
Adligenswilerstrasse 15
6002 Luzern
Tel. 041 419 22 22
www.caritas.ch
Patientenverfügungen

Dialog Ethik
Schaffhauserstrasse 418
8050 Zürich
Tel. 044 252 42 01
www.dialog-ethik.ch
Patientenverfügungen

Pro Senectute Schweiz
Lavaterstrasse 60
8027 Zürich
Tel. 044 283 89 89
www.prosenectute.ch
Informationen zur Pflege von Angehörigen, Erhebungsblätter für Pflegeleistungen

Schweizerische Stiftung Patientenschutz (SPO)
Häringstrasse 20
8001 Zürich
Tel. 044 252 54 22
www.spo.ch
Patientenverfügungen; weitere Beratungsstellen u. a. in Bern, Lausanne, Olten und St. Gallen

Schweizerisches Rotes Kreuz
Postfach
3001 Bern
Tel. 058 400 41 11
www.redcross.ch (→ Unterstützung im Alltag)
Angebote für pflegende Angehörige

Opferhilfe / Täterhilfe

Eidgenössisches Büro für die Gleichstellung von Mann und Frau
Beratungsstellen für weibliche und männliche Opfer und Täter
www.ebg.admin.ch (→ Themen → Gewalt)

Dachorganisation Frauenhäuser
Postfach 2309
3001 Bern
Tel. 077 535 56 25
www.frauenhaeuser.ch

Mannebüro Züri
Hohlstrasse 36
8004 Zürich
Tel. 044 242 08 88
www.mannebuero.ch

Männerbüro Region Basel
Davidsbodenstrasse 25
4056 Basel
Tel. 061 691 02 02
www.mbrb.ch

Männerhaus Zwüschehalt
Aargau: Tel. 056 552 08 70
Bern: Tel. 031 552 08 70
Luzern: Tel. 041 552 08 70

Paarberatung/Mediation

Die Adressen von Paar- und Familienberatungsstellen in Ihrer Region erfahren Sie auf der Gemeindekanzlei.

Schweizerischer Dachverband für Mediation (SDM-FMS)
www.mediation-ch.org

Schweizerischer Verein für Familienmediation (SVM)
Tel. 031 556 30 05
www.familienmediation.ch

Stiftung Selbsthilfe Schweiz
Koordination und Förderung von Selbsthilfegruppen in der Schweiz
Laufenstrasse 12
4053 Basel
Tel. 061 333 86 01
www.selbsthilfeschweiz.ch
Kontakt zu Selbsthilfegruppen

Wohnen

Hauseigentümerverband Schweiz
Seefeldstrasse 60
8032 Zürich
Tel. 044 254 90 20
www.hev-schweiz.ch
Informationen zu Hypotheken, Wohneigentum, Vermietung

Mieterinnen- und Mieterverband
Sekretariat Deutschschweiz
Bäckerstrasse 52
8004 Zürich
Tel. 043 243 40 40 (keine Rechtsauskunft)
Rechtsberatung: Tel. 0900 900 800 (kostenpflichtig)
www.mieterverband.ch
Muster für Miet- und Untermietverträge

Beobachter-Ratgeber

Birrer, Mathias: **Stockwerkeigentum.** Kauf, Finanzierung, Regelungen der Eigentümergemeinschaft. 8. Auflage, Beobachter-Edition, Zürich 2021

Bodenmann, Guy; Fux, Caroline: **Was Paare stark macht.** Das Geheimnis glücklicher Beziehungen. 7. Auflage, Beobachter-Edition, Zürich, 2017

Bräunlich Keller, Irmtraud: **Arbeitsrecht.** Was gilt im Berufsalltag? Vom Vertragsabschluss bis zur Kündigung. 13. Auflage, Beobachter-Edition, Zürich 2017

Brot, Iwan; Müller, Martin; Schiesser, Fritz: **Mit der Pensionierung rechnen.** Die finanzielle Vorsorge umfassend planen. 2. Auflage, Beobachter-Edition. Zürich 2022

Fux, Caroline; Bendel, Joseph: **Das Paar-Date.** Miteinander über alles reden. 6. Auflage, Beobachter-Edition; Zürich 2023

Haas, Esther; Wirz, Toni: **Mediation – Konflikte besser lösen.** 5. Auflage, Beobachter-Edition, Zürich 2016

Haldimann, Urs: **Glücklich pensioniert – so gelingts!** Zusammenleben, Wohnen, Geld und Recht in der neuen Lebensphase. 6. Auflage, Beobachter-Edition, Zürich 2019

Hubert, Anita: **Ergänzungsleistungen.** Wenn die AHV oder IV nicht reicht. 8. Auflage, Beobachter-Edition, Zürich 2023

Nilsen, Anna; Reichmuth, Katrin: **Mietrecht.** Alles rund ums Mieten und Vermieten. 10. Auflage, Beobachter-Edition, Zürich 2023

Noser, Walter; Rosch, Daniel: **Erwachsenenschutz.** Patientenverfügung, Vorsorgeauftrag, Beistandschaften, fürsorgerische Unterbringung, Schutz im Heim, Kesb. 4. Auflage, Beobachter-Edition, Zürich 2018

Ruedin, Philippe; Bräunlich Keller, Irmtraud: **OR für den Alltag.** Kommentierte Ausgabe aus der Beobachter-Beratungspraxis. 14. Auflage, Beobachter-Edition, Zürich 2022

Schmidt, Volker: **Gute Eltern trotz Trennung.** Rechte und Pflichten – zum Wohl des Kindes. 2. Auflage, Beobachter-Edition, Zürich 2019

Strebel Schlatter, Corinne: **Wenn das Geld nicht reicht.** So funktionieren die Sozialversicherungen und die Sozialhilfe. 5. Auflage, Beobachter-Edition, Zürich 2021

Studer, Benno: **Testament, Erbschaft.** Wie Sie klare und faire Verhältnisse schaffen. 18. Auflage, Beobachter-Edition, Zürich 2023

Trachsel, Daniel: **Trennung.** Was Paare in der Krise regeln müssen. 5. Auflage, Beobachter-Edition, Zürich 2018

Von Flüe, Karin: **Heiraten!** Was alle Paare wissen müssen. 1. Auflage, Beobachter-Edition, Zürich 2022

Von Flüe, Karin; Smokvina, Davor; Noser, Walter; Spinatsch, Hanneke: **ZGB für den Alltag.** Kommentierte Ausgabe aus der Beobachter-Beratungspraxis. 16. Auflage, Beobachter-Edition, Zürich 2022

Westermann, Reto; Meyer Üsé: **Der Weg zum Eigenheim.** Finanzierung, Kauf, Bau und Unterhalt. 11. Auflage, Beobachter-Edition, Zürich 2022

Zeugin, Käthi: **Ich bestimme. Mein komplettes Vorsorgedossier.** 6. Auflage, Beobachter-Edition, Zürich 2022

Stichwortverzeichnis

I

K

T

U

V

Meine persönlichen Notizen